Les ETF : Un guide complet pour investir intelligemment

Ecrit par William Ventejou

INTRODUCTION

Les ETF, ou Exchange-Traded Funds, sont devenus des instruments d'investissement incontournables sur les marchés financiers. Leur popularité a considérablement augmenté au cours des dernières décennies, offrant aux investisseurs un moyen efficace de diversifier leur portefeuille et d'accéder à une large gamme d'actifs et de marchés.

Cet ouvrage est conçu pour vous fournir une compréhension approfondie des ETF, depuis leur fonctionnement et leur structure jusqu'à leur sélection et leur utilisation dans des stratégies d'investissement. Que vous soyez un investisseur débutant souhaitant explorer de nouvelles opportunités ou un professionnel chevronné cherchant à améliorer vos connaissances, ce livre vous guidera à travers le monde des ETF.

Dans le premier chapitre, nous allons jeter les bases en introduisant les ETF et en expliquant leur rôle sur les marchés financiers. Vous comprendrez les avantages clés qu'ils offrent par rapport à d'autres véhicules d'investissement, ainsi que leur évolution et leur croissance significative ces dernières années.

Le deuxième chapitre vous plongera dans le fonctionnement des ETF, en décrivant leur structure et en explorant les différentes méthodes de réplication des indices sous-jacents. Vous découvrirez également les acteurs impliqués dans la création et l'émission des ETF, ainsi que les mécanismes qui permettent de maintenir les prix des ETF alignés sur la valeur de leurs actifs sous-jacents.

Le troisième chapitre explorera les différents types d'indices sous-jacents aux ETF. Des indices boursiers aux indices sectoriels, en passant par les indices thématiques, obligataires et de matières premières, vous découvrirez les différentes options disponibles pour les investisseurs souhaitant cibler des marchés spécifiques ou mettre en œuvre des stratégies thématiques.

Dans le quatrième chapitre, nous vous guiderons à travers le processus de sélection et d'achat des ETF. Vous apprendrez comment effectuer une recherche approfondie, évaluer les performances passées et comprendre les critères clés à prendre en compte lors de la sélection d'un ETF. Nous vous expliquerons également comment passer des ordres d'achat et de vente, ainsi que les aspects importants à considérer lors de l'exécution des transactions.

Le cinquième chapitre se concentrera sur les avantages des ETF en tant qu'instruments d'investissement. Vous découvrirez la liquidité qu'ils offrent, leur facilité de négociation, leur capacité à diversifier vos investissements, ainsi que leurs frais réduits et leur transparence. Nous examinerons également la flexibilité des ETF et comment ils peuvent être utilisés dans différentes stratégies d'investissement.

Les chapitres suivants exploreront des exemples concrets d'ETF liés à différents indices boursiers, secteurs, thématiques et matières premières. Nous examinerons également les bonnes pratiques avant d'investir dans les ETF, les inconvénients potentiels à prendre en compte, et nous vous présenterons des stratégies avancées qui utilisent les ETF dans une approche de gestion passive ou active de portefeuille.

Enfin, nous conclurons cet ouvrage en mettant en évidence le rôle des ETF dans votre portefeuille d'investissement. Nous récapitulerons les principaux points abordés dans le livre et vous donnerons des recommandations finales pour tirer pleinement parti des avantages des ETF.

Que vous soyez un investisseur novice ou expérimenté, ce livre est conçu pour vous fournir les connaissances nécessaires pour comprendre, sélectionner et utiliser efficacement les ETF dans votre parcours d'investissement. Préparez-vous à explorer le monde passionnant des ETF et à ouvrir de nouvelles opportunités pour atteindre vos objectifs financiers.

TABLE DES MATIÈRES :

Chapitre 5 : Les Avantages Des Etf

Chapitre 6 : Exemples D'etf

Chapitre 7 : Bonnes Pratiques Avant D'investir Dans Les Etf

Chapitre 8 : Les Inconvénients Des Etf

Chapitre 9 : Stratégies Avancées Avec Les Etf

Conclusion : Le Rôle Des Etf Dans Votre Portefeuille D'investissement

Annexes :

Glossaire des termes couramment utilisés dans les ETF

Ressources supplémentaires pour approfondir vos connaissances sur les ETF

CHAPITRE 1 : INTRODUCTION AUX ETF

Section 1.1 : Qu'est-ce qu'un ETF ?

Les ETF, ou fonds négociés en bourse, sont des instruments financiers qui combinent les caractéristiques des fonds communs de placement et des actions. Ils offrent aux investisseurs la possibilité de détenir un panier diversifié d'actifs, tels que des actions, des obligations, des matières premières ou d'autres instruments financiers, à travers l'achat de parts d'ETF sur une bourse.

La structure d'un ETF est conçue de manière à refléter la performance d'un indice spécifique, souvent appelé indice de référence ou indice sous-jacent. L'objectif principal d'un ETF est de reproduire au mieux les rendements de cet indice, que ce soit à la hausse ou à la baisse. Cela signifie que lorsque l'indice de référence augmente, la valeur de l'ETF est censée augmenter dans des proportions similaires, et vice versa.

La création d'un ETF commence par la sélection d'un indice de référence approprié. L'émetteur de l'ETF s'efforce ensuite de répliquer la composition de cet indice en achetant les actifs qui le composent, selon leurs pondérations respectives dans l'indice. Par exemple, si l'indice de référence comprend 100 actions et qu'une action représente 2 % de l'indice, l'ETF achètera des actions de cette société pour refléter cette pondération.

Une fois créé, l'ETF émet des parts qui représentent la propriété de l'ensemble du panier d'actifs sous-jacents. Ces parts peuvent être achetées et vendues sur une bourse tout au long de la journée, comme des actions. L'offre et la demande sur le marché déterminent le prix des parts d'ETF, qui peut différer légèrement de la valeur liquidative (VNI), qui représente la valeur réelle des actifs détenus par l'ETF.

Un aspect important des ETF est leur structure de gestion passive. Contrairement aux fonds communs de placement traditionnels, qui sont gérés activement par des gestionnaires de portefeuille cherchant à surperformer le marché, les ETF sont conçus pour répliquer l'indice de référence sans chercher à le battre. Cela signifie que les décisions d'investissement sont basées sur des règles préétablies et que les ajustements du portefeuille sont généralement effectués pour refléter les changements dans la composition de l'indice.

Les ETF offrent de nombreux avantages aux investisseurs. Tout d'abord, ils offrent une liquidité élevée grâce à leur négociation en bourse, ce qui permet aux investisseurs d'acheter ou de vendre des parts à tout moment pendant les heures de marché. De plus, les ETF offrent une transparence élevée, car les émetteurs publient régulièrement la composition de l'ETF, permettant ainsi aux investisseurs de savoir exactement ce qu'ils possèdent.

En termes de diversification, les ETF permettent aux investisseurs de bénéficier d'une exposition instantanée à un panier diversifié d'actifs. Cela réduit les risques liés à la détention d'actions individuelles et permet aux investisseurs de répartir leurs investissements sur différents secteurs, régions ou classes d'actifs.

En résumé, les ETF sont des instruments financiers qui permettent aux investisseurs de détenir un panier diversifié d'actifs à travers l'achat de parts d'ETF négociables en bourse. Ils sont conçus pour répliquer la performance d'un indice de référence et offrent une liquidité élevée, une transparence accrue et une diversification instantanée. Grâce à leur structure de gestion passive, les ETF offrent une approche simple et efficace pour investir dans les marchés financiers.

Section 1.2 : L'essor des ETF sur les marchés financiers

Les ETF ont connu une croissance phénoménale sur les marchés financiers au cours des dernières décennies, devenant l'un des instruments d'investissement les plus populaires. Cette popularité croissante peut être attribuée à plusieurs facteurs clés.

Tout d'abord, les ETF offrent une simplicité et une accessibilité accrues aux investisseurs. Contrairement à l'achat et à la gestion d'actions individuelles, qui peuvent être complexes et nécessiter une analyse approfondie des sociétés, les ETF permettent aux investisseurs d'obtenir une exposition instantanée à un large éventail d'actifs à travers l'achat d'une seule part d'ETF. Cela simplifie le processus d'investissement et le rend plus accessible aux investisseurs débutants ou à ceux qui préfèrent une approche plus passive.

En outre, les ETF offrent aux investisseurs la possibilité de suivre et de reproduire les performances d'indices spécifiques. Plutôt que de sélectionner des actions individuelles, les investisseurs peuvent investir dans un ETF qui réplique un indice, qu'il s'agisse d'un indice large représentant un marché national ou d'un indice spécifique à un secteur ou à une région. Cela leur permet de bénéficier de la croissance et de la performance des marchés dans leur ensemble, plutôt que de se concentrer sur des actions individuelles qui peuvent être plus risquées.

Un autre facteur qui a contribué à la popularité des ETF est leur coût relativement bas. Comparés aux fonds communs de placement traditionnels, les ETF ont généralement des frais de gestion plus faibles. Cela s'explique en partie par leur structure de gestion passive, qui limite les coûts liés à la recherche et à la sélection d'actions individuelles. Les investisseurs peuvent ainsi profiter d'un investissement diversifié à moindre coût, ce qui peut avoir un impact significatif sur les rendements à long terme.

De plus, les ETF offrent une liquidité élevée grâce à leur négociation en bourse. Les investisseurs peuvent acheter et vendre des parts d'ETF tout au long de la journée, à un prix qui reflète l'offre et la demande sur le marché. Cela permet une flexibilité de trading accrue, ce qui est particulièrement important pour les investisseurs qui souhaitent réagir rapidement aux conditions changeantes du marché ou ajuster leur portefeuille en fonction de leurs objectifs.

Enfin, les ETF offrent une transparence élevée. Les émetteurs d'ETF publient régulièrement la composition de leur portefeuille, permettant aux investisseurs de connaître précisément les actifs sous-jacents détenus par l'ETF. Cela renforce la confiance des investisseurs en leur permettant de prendre des décisions éclairées et de comprendre comment leur investissement est positionné par rapport à l'indice de référence.

En résumé, l'essor des ETF sur les marchés financiers peut être attribué à leur simplicité, leur accessibilité, leur faible coût, leur liquidité élevée et leur transparence. Les investisseurs apprécient la facilité avec laquelle ils peuvent investir dans un panier diversifié d'actifs et suivre les performances d'indices spécifiques. Les ETF offrent une alternative attrayante aux fonds communs de placement traditionnels et sont devenus un outil incontournable pour les investisseurs cherchant à tirer parti des opportunités offertes par les marchés financiers.

1.3 Les avantages des ETF en tant qu'outil d'investissement :

Liquidité : Les ETF sont généralement très liquides, ce qui signifie qu'il est facile d'acheter ou de vendre des parts à tout moment pendant les heures d'ouverture des marchés. Étant donné que les ETF sont négociés en bourse, vous pouvez tirer profit de la liquidité du marché pour entrer ou sortir de vos positions rapidement et efficacement.

Facilité de négociation : Les ETF se négocient comme des actions, ce qui signifie que vous pouvez les acheter ou les vendre à tout moment pendant les heures de marché régulières. Vous pouvez passer des ordres au prix du marché ou utiliser des types d'ordres plus avancés, tels que les ordres limites ou les ordres stop, pour mieux contrôler vos transactions.

Diversification des investissements : Les ETF offrent une exposition instantanée à un panier diversifié d'actifs. Par exemple, un ETF indiciel peut répliquer la performance d'un indice boursier large, vous permettant ainsi d'investir dans de nombreuses actions d'une seule transaction. Cette diversification réduit le risque spécifique lié à la détention d'actions individuelles et peut contribuer à une gestion plus efficace du portefeuille.

Frais réduits : Les frais associés aux ETF sont généralement inférieurs à ceux des fonds communs de placement traditionnels. Les ETF ont tendance à avoir des ratios de frais de gestion plus bas, car ils sont souvent passivement gérés et répliquent simplement la performance de l'indice sous-jacent, sans nécessiter une gestion active. Les frais réduits peuvent avoir un impact significatif sur le rendement à long terme de votre investissement.

Transparence des actifs sous-jacents : Les ETF sont tenus de publier quotidiennement la composition de leur portefeuille, ce qui permet aux investisseurs de connaître exactement quels actifs constituent le fonds. Cette transparence accrue permet aux investisseurs de prendre des décisions éclairées sur leurs investissements et de comprendre le niveau de risque et de diversification du fonds.

Flexibilité : Les ETF offrent une grande flexibilité en termes de stratégies d'investissement. Vous pouvez utiliser des ETF pour investir dans des indices boursiers, des secteurs spécifiques, des thématiques d'investissement ou même des matières premières. De plus, vous pouvez acheter ou vendre des parts d'ETF à tout moment, ce qui vous donne la liberté de réajuster votre portefeuille en fonction de vos objectifs d'investissement et des conditions du marché.

En comprenant ces avantages des ETF, les investisseurs peuvent prendre des décisions éclairées lorsqu'ils intègrent ces produits dans leur portefeuille d'investissement. Cependant, il est également important de noter que les ETF présentent certains inconvénients et risques, qui sont explorés dans d'autres sections de votre livre.

CHAPITRE 2 : LE FONCTIONNEMENT DES ETF

2.1 La structure d'un ETF :

Un ETF, ou fonds négocié en bourse (Exchange-Traded Fund), est un type de fonds d'investissement qui est conçu pour suivre la performance d'un indice sous-jacent spécifique, tel qu'un indice boursier ou un panier d'actifs. La structure d'un ETF est conçue pour offrir aux investisseurs la possibilité de bénéficier des avantages à la fois des fonds communs de placement et des actions individuelles.

Création de parts : Lorsqu'un ETF est créé, une entité appelée le sponsor de l'ETF (généralement une société de gestion d'actifs) travaille en collaboration avec une institution financière agréée, appelée teneur de marché autorisée (TMA). La TMA joue un rôle clé dans la création de parts d'ETF. Elle acquiert un panier d'actifs qui reflète la composition de l'indice sous-jacent de l'ETF. Ces actifs peuvent inclure des actions, des obligations, des matières premières ou d'autres instruments financiers.

Création de blocs : La TMA remet ensuite ce panier d'actifs au sponsor de l'ETF en échange d'un bloc d'actions de l'ETF, appelé « création en nature ». Les créations en nature permettent aux teneurs de marché autorisées de créer ou de racheter des parts d'ETF en échange d'un panier d'actifs, ce qui aide à maintenir la valeur de l'ETF en ligne avec la valeur de ses actifs sous-jacents.

Négociation sur les marchés secondaires : Une fois les parts d'ETF créées, elles sont négociées sur les marchés boursiers, où les investisseurs peuvent les acheter et les vendre à tout moment pendant les heures de négociation. Les prix des parts d'ETF sont généralement déterminés par l'offre et la demande du marché, mais ils sont étroitement liés à la valeur liquidative de l'ETF, qui est calculée en utilisant la valeur de ses actifs sous-jacents.

Réplication de l'indice : L'objectif principal d'un ETF est de reproduire la performance de l'indice sous-jacent de la manière la plus précise possible. Pour atteindre cet objectif, les ETF utilisent généralement l'une des deux méthodes de réplication : la réplication physique ou la réplication synthétique. La réplication physique implique la détention réelle des actifs de l'indice, tandis que la réplication synthétique utilise des dérivés financiers pour reproduire la performance de l'indice.

Dividendes et distributions : Si les actifs sous-jacents de l'indice génèrent des dividendes ou des distributions, ceux-ci sont généralement répercutés sur les détenteurs de parts d'ETF. Les dividendes peuvent être réinvestis automatiquement dans le fonds ou distribués aux investisseurs en espèces.

En comprenant la structure d'un ETF, les investisseurs peuvent saisir le fonctionnement interne de ces produits d'investissement. Cette compréhension leur permet de prendre des décisions éclairées lors de l'achat et de la vente d'ETF, en tenant compte de facteurs tels que la réplication de l'indice, la liquidité et les frais associés.

Section 2.2: La réplication de l'indice

La réplication de l'indice est l'un des aspects fondamentaux du fonctionnement des ETF. Elle désigne la manière dont un ETF suit et reproduit la performance de l'indice sous-jacent. Il existe deux méthodes principales de réplication : la réplication physique et la réplication synthétique.

2.2.1 Réplication physique

La réplication physique implique la détention réelle des actifs composant l'indice sous-jacent par l'ETF. Les gestionnaires de l'ETF achètent et détiennent les titres individuels, tels que des actions ou des obligations, conformément à la composition de l'indice. Ainsi, la performance de l'ETF reflète directement la performance de l'indice. Les ETF à réplication physique sont également appelés "fonds à gestion directe".

Il existe deux approches courantes de réplication physique :

Réplication complète : l'ETF achète tous les actifs de l'indice dans les mêmes proportions. Cette méthode est couramment utilisée pour les indices larges et liquides.

Réplication échantillonnée : l'ETF acquiert un échantillon représentatif des actifs de l'indice, généralement ceux qui ont le plus d'influence sur la performance globale de l'indice. Cette approche est souvent utilisée pour les indices moins liquides ou difficilement réplicables dans leur intégralité.

2.2.2 Réplication synthétique

La réplication synthétique est une méthode alternative dans laquelle l'ETF ne détient pas directement les actifs de l'indice, mais utilise des dérivés financiers, tels que des contrats d'échange (swaps), pour reproduire la performance de l'indice. Dans ce cas, l'ETF conclut un accord avec une contrepartie, généralement une institution financière, qui s'engage à fournir la performance de l'indice en échange d'une rémunération.

La réplication synthétique peut offrir des avantages tels que la réduction des coûts de transaction et la possibilité de suivre des indices plus complexes ou moins liquides. Cependant, elle comporte également des risques, tels que le risque de contrepartie associé à l'institution financière fournissant la performance de l'indice.

Il convient de noter que la réplication utilisée par un ETF est généralement précisée dans sa documentation officielle, telle que le prospectus ou la fiche d'information. Les investisseurs doivent comprendre la méthode de réplication utilisée par un ETF avant de prendre une décision d'investissement, car cela peut avoir un impact sur les résultats et les risques associés à l'investissement.

En résumé, la réplication de l'indice est un élément clé du fonctionnement des ETF. La réplication physique implique la détention directe des actifs de l'indice, tandis que la réplication synthétique utilise des dérivés financiers pour reproduire la performance de l'indice. Chaque méthode présente des avantages et des risques spécifiques, et les investisseurs doivent comprendre la méthode utilisée par un ETF avant de l'acheter.

Section 2.3: Les types d'ETF : physiques, synthétiques et à revenu fixe

Les ETF se déclinent en différents types en fonction de leur structure et de leur catégorie d'actifs sous-jacente. Parmi les types d'ETF couramment rencontrés, on trouve les ETF physiques, les ETF synthétiques et les ETF à revenu fixe.

2.3.1 ETF physiques

Les ETF physiques sont les plus courants sur le marché. Comme mentionné précédemment, ils répliquent la performance de leur indice sous-jacent en détenant réellement les actifs composant cet indice. Les ETF physiques peuvent être utilisés pour suivre divers types d'indices, tels que des indices boursiers, des indices sectoriels, des indices thématiques, des indices obligataires ou même des indices de matières premières.

L'avantage des ETF physiques réside dans leur transparence. Les investisseurs peuvent connaître la composition exacte de l'ETF, car les sociétés de gestion sont tenues de divulguer régulièrement les positions de l'ETF. Cela permet aux investisseurs de comprendre précisément les actifs dans lesquels ils investissent.

2.3.2 ETF synthétiques

Les ETF synthétiques utilisent une méthode de réplication différente de celle des ETF physiques. Au lieu de détenir directement les actifs de l'indice, les ETF synthétiques utilisent des instruments dérivés tels que des swaps et des contrats à terme pour reproduire la performance de l'indice.

L'avantage des ETF synthétiques réside dans leur capacité à suivre des indices plus complexes ou moins liquides. Ils offrent également la possibilité d'utiliser des stratégies de gestion plus sophistiquées. Cependant, les ETF synthétiques sont généralement associés à un risque de contrepartie. Ils dépendent de la solidité et de la capacité de l'institution financière avec laquelle l'ETF a conclu des accords de swap ou d'autres instruments dérivés.

Il est important de noter que les régulateurs imposent des limites strictes aux ETF synthétiques pour atténuer les risques. Les sociétés de gestion doivent se conformer à des exigences de transparence et de gestion des risques, notamment en maintenant un collatéral adéquat pour couvrir les éventuelles pertes.

2.3.3 ETF à revenu fixe

Les ETF à revenu fixe sont conçus pour suivre des indices composés d'obligations et d'autres instruments à revenu fixe. Ils permettent aux investisseurs d'accéder facilement et à moindre coût à divers segments du marché obligataire, tels que les obligations d'État, les obligations d'entreprise, les obligations municipales, etc.

Les ETF à revenu fixe offrent plusieurs avantages, notamment la diversification des portefeuilles obligataires, la liquidité et la transparence. Ils permettent également une gestion plus efficace des flux de trésorerie en offrant une négociabilité en continu sur les marchés boursiers.

En résumé, les ETF se déclinent en différents types, notamment les ETF physiques, les ETF synthétiques et les ETF à revenu fixe. Les ETF physiques détiennent réellement les actifs de l'indice, offrant une transparence accrue. Les ETF synthétiques utilisent des instruments dérivés pour répliquer l'indice, offrant une plus grande flexibilité, mais avec un risque de contrepartie. Les ETF à revenu fixe permettent d'accéder facilement au marché obligataire et offrent une diversification et une liquidité accrues. Les investisseurs doivent comprendre les caractéristiques et les risques associés à chaque type d'ETF avant de faire un choix d'investissement.

Section 2.4: Les acteurs impliqués dans la création et l'émission des ETF

La création et l'émission des ETF impliquent plusieurs acteurs clés qui jouent des rôles spécifiques dans le processus. Ces acteurs travaillent ensemble pour garantir le bon fonctionnement et la disponibilité des ETF sur les marchés financiers. Voici les principaux acteurs impliqués :

Émetteur de l'ETF :
L'émetteur de l'ETF est la société de gestion ou la société d'investissement responsable de la création et de la gestion de l'ETF. C'est elle qui décide des caractéristiques de l'ETF, de son indice sous-jacent, de sa stratégie de réplication et de sa commercialisation auprès des investisseurs. Les émetteurs d'ETF sont généralement des sociétés de gestion d'actifs bien établies et réglementées.

Créateur de marché (Market Maker) :
Les créateurs de marché sont des institutions financières ou des courtiers spécialisés qui assurent la liquidité des ETF sur les marchés boursiers. Ils sont chargés de créer un marché actif en fournissant en permanence des liquidités en achetant et en vendant des parts d'ETF. Les créateurs de marché jouent un rôle crucial en garantissant que les investisseurs peuvent acheter ou vendre des parts d'ETF à tout moment avec un spread de prix étroit.

Dépositaire (Custodian) :
Le dépositaire est une institution financière qui est responsable de la garde et de la conservation des actifs sous-jacents de l'ETF. Dans le cas des ETF physiques, le dépositaire détient les titres et les actifs répliquant l'indice sous-jacent de l'ETF. Il assure également la conformité réglementaire et la protection des actifs de l'ETF.

Agent de transfert (Transfer Agent) :
L'agent de transfert est responsable de la tenue des registres et
de l'administration des parts d'ETF. Il traite les opérations d'achat
et de vente des investisseurs, assure le transfert des parts et la
distribution des dividendes éventuels. L'agent de transfert joue un
rôle essentiel dans le bon fonctionnement des transactions liées
aux ETF.

Autorités réglementaires :
Les autorités réglementaires, telles que les organismes de
régulation des marchés financiers, jouent un rôle important dans
la supervision et la réglementation des ETF. Elles veillent à ce
que les ETF respectent les normes réglementaires, protègent les
intérêts des investisseurs et maintiennent l'intégrité des marchés
financiers.

En travaillant en étroite collaboration, ces acteurs contribuent
à la création, à l'émission, à la négociation et à la gestion
des ETF. Leur collaboration assure la liquidité, la transparence
et la conformité des ETF, offrant ainsi aux investisseurs des
opportunités d'investissement diversifiées et efficaces sur les
marchés financiers.

CHAPITRE 3 : LES DIFFÉRENTS TYPES D'INDICES SOUS-JACENTS AUX ETF

Section 3.1: Les indices boursiers

Dans le monde des ETF, les indices boursiers jouent un rôle crucial en tant qu'indicateurs de performance du marché financier. Les indices boursiers sont des mesures statistiques qui représentent la valeur globale ou la performance d'un ensemble d'actions cotées en bourse. Ils sont calculés en agrégeant la valeur des différentes actions qui composent l'indice, en utilisant généralement une méthodologie de pondération spécifique.

Les ETF basés sur des indices boursiers offrent aux investisseurs une exposition diversifiée à un large éventail de sociétés cotées en bourse, sans avoir à acheter individuellement chaque action. Ces ETF visent à reproduire la performance de l'indice sous-jacent en détenant un portefeuille d'actions qui reflète de près la composition de cet indice.

L'un des avantages des ETF basés sur des indices boursiers est leur large accessibilité. Les indices boursiers les plus populaires, tels que le S&P 500, le Dow Jones Industrial Average, le NASDAQ Composite et d'autres, sont souvent utilisés comme références pour les ETF. Ces indices représentent des marchés entiers ou des segments spécifiques du marché, ce qui permet aux investisseurs d'obtenir une exposition diversifiée à des actions de différentes entreprises, secteurs et pays.

Les indices boursiers sont généralement construits selon une méthodologie spécifique. Parmi les méthodologies couramment utilisées, on trouve la capitalisation boursière, la pondération égale, la pondération par prix, la pondération par dividendes, etc. Chaque méthodologie a ses propres avantages et inconvénients, et elle peut donner lieu à des variations dans la composition et la performance de l'indice.

Lorsque vous choisissez un ETF basé sur un indice boursier, il est important de comprendre l'indice sous-jacent, sa méthodologie de construction et sa composition. Cela vous permettra de vous familiariser avec les entreprises incluses dans l'indice, les secteurs qu'il représente et la pondération relative de chaque action. Cette connaissance vous aidera à évaluer si l'ETF correspond à votre stratégie d'investissement et à vos objectifs.

Les ETF basés sur des indices boursiers offrent plusieurs avantages aux investisseurs. Tout d'abord, ils offrent une diversification instantanée, car ils détiennent un panier d'actions représentatives de l'indice sous-jacent. Cela permet de réduire le risque spécifique à une entreprise et de profiter de la performance globale du marché. De plus, les ETF basés sur des indices boursiers offrent une liquidité élevée, car les actions sous-jacentes sont généralement négociées activement sur les marchés boursiers.

Les indices boursiers et les ETF basés sur ces indices sont largement utilisés par les investisseurs pour différentes stratégies d'investissement. Certains investisseurs optent pour une approche de gestion passive en utilisant des ETF pour suivre les principaux indices boursiers, tandis que d'autres utilisent des ETF basés sur des indices sectoriels pour se concentrer sur des secteurs spécifiques du marché. Certains investisseurs peuvent également combiner plusieurs ETF basés sur différents indices pour construire un portefeuille diversifié répondant à leurs objectifs d'investissement.

En conclusion, les ETF basés sur des indices boursiers offrent aux investisseurs une exposition diversifiée à un large éventail d'actions cotées en bourse. Ils permettent de suivre la performance d'un indice sous-jacent et offrent des avantages tels que la diversification instantanée et la liquidité élevée. Comprendre les indices boursiers et leur méthodologie de construction est essentiel pour choisir les ETF appropriés en fonction de votre stratégie d'investissement et de vos objectifs financiers.

Section 3.2: Les indices sectoriels

Les indices sectoriels sont une catégorie spécifique d'indices sous-jacents aux ETF. Contrairement aux indices boursiers qui couvrent l'ensemble du marché, les indices sectoriels se concentrent sur des secteurs d'activité spécifiques. Ils regroupent des actions de sociétés opérant dans un même secteur, tel que la technologie, l'énergie, la santé, les finances, etc.

Les ETF basés sur des indices sectoriels offrent aux investisseurs une exposition ciblée à un secteur spécifique de l'économie. Cela leur permet de tirer parti des opportunités de croissance et de performance dans des secteurs spécifiques, ou de mettre en œuvre une stratégie de diversification sectorielle dans leur portefeuille.

Lorsqu'on investit dans des ETF sectoriels, il est important de comprendre les caractéristiques du secteur sous-jacent et les facteurs qui peuvent influencer sa performance. Chaque secteur a ses propres dynamiques, forces et faiblesses, et peut réagir différemment aux conditions économiques, réglementaires et politiques.

Les investisseurs peuvent utiliser les ETF sectoriels de différentes manières. Voici quelques exemples :

Surperformance sectorielle : Les investisseurs peuvent rechercher les secteurs qui sont susceptibles de surperformer le marché dans un contexte économique donné. Par exemple, en période de forte croissance technologique, un ETF basé sur un indice technologique pourrait être attrayant pour ceux qui souhaitent tirer parti de l'innovation et de la demande croissante dans ce secteur.

Stratégie de diversification : Les investisseurs peuvent utiliser les ETF sectoriels pour diversifier leur portefeuille en répartissant leurs investissements sur plusieurs secteurs. Cela permet de réduire la concentration du risque et de profiter des performances différenciées des secteurs à différents stades du cycle économique.

Couverture de portefeuille : Les investisseurs peuvent utiliser les ETF sectoriels pour se protéger contre les risques spécifiques à un secteur. Par exemple, si un investisseur détient principalement des actions dans le secteur de l'énergie et anticipe une baisse des prix du pétrole, il peut investir dans un ETF sectoriel inverse sur l'énergie pour compenser les pertes potentielles.

Comme pour tous les investissements, il est important de faire preuve de diligence raisonnable avant d'investir dans des ETF sectoriels. Il est recommandé d'étudier les caractéristiques du secteur, les facteurs de risque spécifiques, les performances passées et les perspectives futures. Il peut également être judicieux de diversifier ses investissements en choisissant des ETF sectoriels provenant de différents secteurs pour réduire le risque de concentration.

Les ETF sectoriels offrent une flexibilité et une précision accrues pour les investisseurs souhaitant une exposition ciblée à des secteurs spécifiques. Cependant, il est important de noter que cette précision peut également comporter un niveau de risque plus élevé, car les performances des secteurs peuvent varier considérablement. Il est donc essentiel de bien comprendre les caractéristiques du secteur sous-jacent et de gérer les risques de manière appropriée.

Section 3.3: Les indices thématiques

Les indices thématiques sont une catégorie d'indices sous-jacents aux ETF qui se concentrent sur des thèmes ou des tendances spécifiques. Contrairement aux indices boursiers ou sectoriels, qui sont généralement basés sur des critères géographiques ou sectoriels, les indices thématiques sont construits autour d'idées ou de concepts spécifiques. Ils permettent aux investisseurs de capitaliser sur des opportunités d'investissement liées à des domaines tels que les énergies renouvelables, l'intelligence artificielle, la santé numérique, l'innovation technologique, etc.

Les ETF basés sur des indices thématiques offrent aux investisseurs la possibilité de s'exposer à des tendances à long terme et à des innovations disruptives qui peuvent façonner l'avenir de l'économie. Ces thèmes peuvent être larges, tels que l'investissement durable, ou plus spécifiques, tels que l'exploration spatiale.

Investir dans des ETF thématiques présente plusieurs avantages. Tout d'abord, cela permet aux investisseurs de participer à des tendances de croissance majeures et de soutenir des secteurs d'activité qui répondent à des enjeux sociaux et environnementaux importants. Ensuite, les ETF thématiques offrent une diversification sectorielle et géographique au sein d'un thème spécifique, ce qui peut aider à réduire le risque spécifique à un secteur ou à une région.

Il est important de noter que les ETF thématiques peuvent être plus volatils que les ETF basés sur des indices plus larges. Cela est dû au fait que les thèmes spécifiques peuvent être soumis à des cycles de marché plus courts et à des risques spécifiques à leur domaine d'activité. Par conséquent, il est essentiel de bien comprendre les caractéristiques du thème sous-jacent et de surveiller de près les développements liés à ce thème.

Lors de l'investissement dans des ETF thématiques, il est recommandé de prendre en compte les éléments suivants :

Recherche approfondie : Avant d'investir, il est important de mener une recherche approfondie sur le thème spécifique, y compris les tendances à long terme, les facteurs de croissance, les risques et les opportunités.

Composition de l'indice : Examiner la composition de l'indice sous-jacent de l'ETF thématique pour comprendre quelles entreprises ou secteurs sont inclus. Cela peut aider à évaluer si l'ETF couvre de manière adéquate le thème choisi.

Liquidité : Vérifier la liquidité de l'ETF thématique, en s'assurant qu'il existe un volume de négociation suffisant pour permettre une entrée et une sortie faciles.

Frais : Évaluer les frais associés à l'ETF thématique, notamment les frais de gestion et les éventuels frais de transaction. Il est important de trouver un équilibre entre les coûts et les avantages potentiels de l'exposition au thème.

Les ETF thématiques peuvent être un outil intéressant pour les investisseurs souhaitant se positionner sur des tendances à long terme et des domaines d'innovation spécifiques. Cependant, il est essentiel de comprendre les risques associés à ces thèmes et de mener une analyse approfondie avant de prendre des décisions d'investissement.

Section 3.4: Les indices obligataires

Les indices obligataires sont un type spécifique d'indices sous-jacents aux ETF qui se concentrent sur le marché des obligations. Les obligations sont des titres de créance émis par des entités gouvernementales, des sociétés ou d'autres institutions, et elles représentent une forme de dette contractée par l'émetteur de l'obligation envers l'investisseur. Les ETF basés sur des indices obligataires offrent aux investisseurs une exposition diversifiée au marché obligataire, leur permettant de tirer parti des avantages offerts par ces instruments de dette.

Les indices obligataires peuvent se composer de différentes catégories d'obligations, telles que les obligations d'État, les obligations d'entreprise, les obligations municipales, les obligations à haut rendement, etc. Chaque catégorie d'obligations présente des caractéristiques et des risques spécifiques.

Les ETF basés sur des indices obligataires offrent plusieurs avantages aux investisseurs. Tout d'abord, ils offrent une diversification du risque en regroupant un large éventail d'obligations au sein d'un seul fonds. Cela permet aux investisseurs de répartir leur exposition sur plusieurs émetteurs, régions et maturités, réduisant ainsi le risque spécifique à une obligation individuelle.

De plus, les ETF obligataires offrent une liquidité accrue par rapport à l'achat d'obligations individuelles. Étant donné que les ETF sont cotés en bourse, les investisseurs peuvent acheter et vendre des parts d'ETF à tout moment pendant les heures de négociation, offrant ainsi une flexibilité et une facilité de négociation supérieures.

Lors de l'investissement dans des ETF obligataires, il est important de prendre en compte les éléments suivants :

Durée et sensibilité aux taux d'intérêt : La durée est un facteur clé dans les obligations, car elle mesure la sensibilité de leur valeur à une variation des taux d'intérêt. Il est essentiel de comprendre la durée moyenne des obligations détenues dans l'ETF et de considérer comment les variations des taux d'intérêt peuvent affecter la performance de l'ETF.

Notation de crédit : Les obligations peuvent être évaluées par des agences de notation qui attribuent une note de crédit en fonction de la solvabilité de l'émetteur. Il est important de prendre en compte la qualité du crédit des obligations incluses dans l'indice sous-jacent de l'ETF.

Objectifs de rendement : Les ETF obligataires peuvent avoir des objectifs de rendement spécifiques, tels que les obligations à haut rendement visant à générer un revenu plus élevé, mais avec un risque accru. Il est essentiel de comprendre les objectifs de rendement de l'ETF et de s'assurer qu'ils sont alignés sur vos propres objectifs d'investissement.

Frais : Évaluer les frais associés à l'ETF obligataire, y compris les frais de gestion et les éventuels frais de transaction. Les frais peuvent varier en fonction de la catégorie d'obligations et de la complexité de l'indice sous-jacent.

Les ETF obligataires offrent une option efficace pour les investisseurs souhaitant accéder au marché obligataire et bénéficier de sa diversification et de sa liquidité. Cependant, il est essentiel de comprendre les caractéristiques et les risques propres aux obligations incluses dans l'indice sous-jacent de l'ETF, ainsi que les objectifs d'investissement spécifiques de l'ETF lui-même. Une analyse approfondie de ces facteurs aidera les investisseurs à prendre des décisions éclairées lors de l'investissement dans des ETF obligataires.

Section 3.5: Les indices de matières premières

Les indices de matières premières sont un type particulier d'indices sous-jacents aux ETF qui se concentrent sur les marchés des matières premières. Les matières premières sont des ressources naturelles telles que l'or, le pétrole, le cuivre, le blé, le gaz naturel, etc. Ces produits de base jouent un rôle essentiel dans l'économie mondiale et sont utilisés dans divers secteurs tels que l'agriculture, l'énergie, l'industrie et la construction.

Les ETF basés sur des indices de matières premières offrent aux investisseurs une exposition diversifiée aux marchés des matières premières sans avoir à détenir directement les produits physiques. Ces ETF permettent aux investisseurs de participer aux mouvements de prix des matières premières et de tirer profit des fluctuations de l'offre et de la demande sur ces marchés.

Les indices de matières premières sont généralement conçus pour représenter les performances des prix des matières premières individuelles ou d'un panier de matières premières. Ils peuvent utiliser différentes méthodes pour suivre les prix, telles que les contrats à terme, les contrats au comptant ou les indices pondérés.

Certains indices de matières premières sont diversifiés, couvrant un large éventail de produits de base, tandis que d'autres peuvent se concentrer sur des secteurs spécifiques, comme l'énergie ou l'agriculture.

L'investissement dans des ETF basés sur des indices de matières premières présente plusieurs avantages. Tout d'abord, ils offrent une exposition diversifiée aux matières premières, ce qui permet aux investisseurs de répartir leur risque sur différents produits et secteurs. Cela peut aider à atténuer l'impact des fluctuations de prix individuelles sur le portefeuille.

De plus, les ETF de matières premières offrent une liquidité accrue par rapport à l'achat direct de matières premières physiques. Les investisseurs peuvent acheter et vendre des parts d'ETF sur les marchés boursiers, offrant ainsi une facilité de négociation et une flexibilité supérieures.

Lors de l'investissement dans des ETF de matières premières, il est important de prendre en compte certains facteurs :

Diversification : Il est essentiel de comprendre la composition de l'indice sous-jacent de l'ETF pour évaluer la diversification entre les différentes matières premières et les secteurs.

Méthode de suivi des prix : Les ETF de matières premières peuvent suivre les prix des matières premières de différentes manières, ce qui peut avoir un impact sur la performance et la volatilité de l'ETF. Il est important de comprendre comment l'indice est construit et de s'assurer qu'il correspond à vos objectifs d'investissement.

Contrats à terme et roulement : Certains ETF de matières premières utilisent des contrats à terme pour suivre les prix. Cela peut entraîner des coûts de roulement lors du renouvellement des contrats à terme, ce qui peut affecter la performance de l'ETF à long terme.

Facteurs macroéconomiques : Les prix des matières premières peuvent être influencés par des facteurs macroéconomiques tels que l'offre et la demande mondiales, les politiques gouvernementales, les conditions météorologiques, etc. Il est important de suivre ces facteurs pour évaluer les perspectives à long terme des matières premières.

En conclusion, les ETF basés sur des indices de matières premières offrent aux investisseurs une exposition diversifiée aux marchés des matières premières. Ils permettent de participer aux mouvements de prix des matières premières sans détenir les produits physiques. Cependant, il est essentiel de comprendre les spécificités de l'indice sous-jacent, la méthode de suivi des prix et les facteurs macroéconomiques pour prendre des décisions d'investissement éclairées dans les ETF de matières premières.

CHAPITRE 4 :
COMMENT CHOISIR
ET ACHETER DES ETF

Section 4.1: La recherche
et l'analyse des ETF

Lorsqu'il s'agit de choisir les ETF appropriés pour votre portefeuille d'investissement, il est essentiel de mener une recherche approfondie et d'effectuer une analyse rigoureuse. La recherche et l'analyse des ETF vous permettront de comprendre les caractéristiques et les performances passées de chaque fonds, ainsi que leur adéquation par rapport à vos objectifs d'investissement.

Voici quelques points clés à prendre en compte lors de la recherche et de l'analyse des ETF :

Objectifs d'investissement : Définissez clairement vos objectifs d'investissement, tels que la croissance du capital, la génération de revenus ou la diversification. Cela vous aidera à sélectionner les ETF qui correspondent le mieux à ces objectifs.

Stratégie de l'ETF : Comprenez la stratégie d'investissement de l'ETF. Certains ETF cherchent à répliquer passivement les performances d'un indice sous-jacent, tandis que d'autres peuvent avoir une approche plus active en utilisant des stratégies de sélection des titres ou de gestion du portefeuille. Assurez-vous que la stratégie de l'ETF correspond à votre philosophie d'investissement.

Indice sous-jacent : Étudiez l'indice sous-jacent que l'ETF suit. Comprenez sa composition, sa méthodologie de calcul, sa représentativité du marché cible et son historique de performance. L'indice doit être transparent et bien établi, ce qui vous permettra de suivre les mouvements du marché de manière précise.

Performance passée : Analysez la performance passée de l'ETF sur différentes périodes, en tenant compte de facteurs tels que les rendements annuels, la volatilité et le suivi de l'indice. Comparez la performance de l'ETF à celle de l'indice sous-jacent et à celle d'autres produits similaires sur le marché. Gardez à l'esprit que la performance passée ne garantit pas la performance future, mais elle peut vous donner des indications sur la cohérence et la stabilité de l'ETF.

Frais et dépenses : Évaluez les frais et les dépenses associés à l'ETF. Les frais de gestion, exprimés en pourcentage annuel, sont prélevés par l'émetteur de l'ETF pour couvrir les coûts de gestion et d'exploitation. Recherchez également d'autres frais tels que les frais de négociation, les frais de roulement des contrats à terme ou les frais de clôture anticipée. Une comparaison des frais entre différents ETF similaires vous aidera à choisir ceux qui offrent une bonne valeur pour votre investissement.

Liquidité : La liquidité de l'ETF est un élément crucial à prendre en compte, surtout si vous prévoyez des transactions fréquentes. Assurez-vous que l'ETF est suffisamment liquide, c'est-à-dire qu'il dispose d'un volume d'échanges élevé et d'une fourchette étroite entre les prix d'achat et de vente. Cela vous permettra d'entrer et de sortir facilement de votre position sans impact significatif sur le prix.

Surveillance continue : Une fois que vous avez investi dans des ETF, il est important de surveiller régulièrement leur performance et de rester informé des évolutions du marché et des changements dans les facteurs sous-jacents. Réévaluez périodiquement vos ETF pour vous assurer qu'ils restent alignés sur vos objectifs d'investissement.

En effectuant une recherche approfondie et une analyse minutieuse des ETF, vous pouvez identifier les fonds qui répondent le mieux à vos besoins et à votre stratégie d'investissement. Cela vous permettra de construire un portefeuille d'ETF solide et diversifié qui vous aidera à atteindre vos objectifs financiers à long terme.

Section 4.2: Les critères de sélection des ETF

Lorsque vous envisagez d'investir dans des ETF, il est essentiel de prendre en compte certains critères de sélection pour choisir les fonds qui correspondent le mieux à vos objectifs d'investissement et à votre profil de risque. Voici quelques critères importants à considérer lors de la sélection des ETF :

Objectifs d'investissement : Les ETF sont disponibles dans une large gamme de catégories d'actifs et de stratégies d'investissement. Déterminez d'abord vos objectifs d'investissement, tels que la croissance du capital, la génération de revenus ou la protection contre l'inflation. Choisissez ensuite les ETF qui sont alignés avec ces objectifs spécifiques.

Exposition et diversification : Évaluez l'exposition géographique et sectorielle offerte par l'ETF. Recherchez des fonds qui couvrent des régions géographiques et des secteurs d'activité variés pour une meilleure diversification de votre portefeuille. Une exposition diversifiée réduit le risque spécifique lié à une région ou à un secteur particulier.

Indice sous-jacent : Étudiez l'indice sous-jacent que l'ETF réplique. Comprenez la méthodologie de calcul de l'indice, sa composition, sa représentativité et son historique de performance. Optez pour des indices bien établis et largement reconnus, car ils sont généralement plus transparents et offrent une meilleure stabilité.

Rendement et volatilité : Analysez la performance historique de l'ETF en termes de rendement et de volatilité. Étudiez les rendements annuels, les fluctuations de prix et la volatilité des fonds sur différentes périodes de temps. Recherchez des ETF qui ont affiché une performance solide et une volatilité maîtrisée.

Frais et dépenses : Examinez attentivement les frais et les dépenses associés à l'ETF. Les frais de gestion sont le coût principal à prendre en compte, mais assurez-vous également de vérifier d'autres frais tels que les frais de négociation, les frais de clôture anticipée ou les frais de roulement. Choisissez des ETF avec des frais compétitifs qui correspondent à la valeur que vous attendez.

Liquidité : La liquidité d'un ETF est importante si vous prévoyez des transactions fréquentes. Recherchez des fonds avec un volume d'échanges élevé et une fourchette étroite entre les prix d'achat et de vente. Une liquidité adéquate facilite l'exécution des ordres et réduit les risques de glissement de prix lors des transactions.

Taille de l'actif : La taille de l'actif de l'ETF peut être un indicateur de sa popularité et de sa liquidité. Les fonds plus importants ont généralement une meilleure liquidité et une plus grande capacité à suivre fidèlement l'indice sous-jacent. Cependant, cela ne signifie pas nécessairement que les plus petits fonds sont moins performants. Évaluez attentivement la taille de l'actif par rapport à vos besoins et aux autres critères de sélection.

Structure de l'ETF : Comprenez la structure de l'ETF, qu'il s'agisse d'un ETF physique ou synthétique. Les ETF physiques détiennent réellement les titres constituant l'indice sous-jacent, tandis que les ETF synthétiques utilisent des swaps et d'autres instruments dérivés pour répliquer l'indice. Chaque structure présente des avantages et des inconvénients en termes de transparence, de risques et de coûts.

En considérant ces critères de sélection, vous pouvez affiner votre recherche et choisir les ETF qui correspondent le mieux à votre stratégie d'investissement. Il est recommandé de diversifier votre portefeuille en investissant dans plusieurs ETF pour bénéficier des avantages de différentes classes d'actifs et stratégies de placement.

Section 4.3: La passation d'ordres d'achat et de vente

Une fois que vous avez identifié les ETF qui correspondent à vos objectifs d'investissement, il est temps de passer à l'étape d'achat et de vente des parts d'ETF. Voici quelques aspects importants à prendre en compte lors de l'exécution de ces transactions :

Compte de courtage : Tout d'abord, assurez-vous d'avoir un compte de courtage ou un compte d'investissement en ligne auprès d'un courtier autorisé. Le courtier vous permettra d'accéder aux marchés financiers et d'effectuer des transactions sur les ETF. Vérifiez les frais associés au compte de courtage et choisissez une plateforme réputée et fiable.

Recherche des symboles : Chaque ETF est identifié par un symbole unique qui est utilisé pour le repérer sur les plateformes de trading. Recherchez le symbole approprié de l'ETF que vous souhaitez acheter ou vendre, car il sera nécessaire pour passer l'ordre.

Types d'ordres : Il existe différents types d'ordres que vous pouvez passer lors de l'achat ou de la vente d'ETF. Les types d'ordres courants incluent les ordres au marché, les ordres limités et les ordres stop. Comprenez la signification de chaque type d'ordre et choisissez celui qui correspond à votre stratégie d'investissement.

Les ordres au marché sont exécutés au prix actuel du marché. Cela garantit une exécution rapide, mais vous n'avez pas de contrôle sur le prix exact auquel l'ordre sera exécuté.

Les ordres limités permettent de spécifier le prix maximal auquel vous êtes prêt à acheter ou le prix minimal auquel vous êtes prêt à vendre. Cela vous donne un contrôle sur le prix, mais il se peut que l'ordre ne soit pas immédiatement exécuté si le marché n'atteint pas le niveau spécifié.

Les ordres stop sont utilisés pour limiter les pertes ou pour déclencher une transaction lorsque le prix atteint un certain niveau. Un ordre stop d'achat est placé au-dessus du prix actuel du marché, tandis qu'un ordre stop de vente est placé en dessous du prix actuel du marché.

Taille de l'ordre : Déterminez la taille de l'ordre que vous souhaitez passer, c'est-à-dire le nombre de parts d'ETF que vous voulez acheter ou vendre. Assurez-vous de prendre en compte la taille de votre portefeuille et votre tolérance au risque lors de la détermination de la taille de l'ordre.

Suivi de l'exécution : Une fois que vous avez passé un ordre, il est important de suivre son exécution. Vérifiez votre compte de courtage pour vous assurer que l'ordre a été exécuté selon vos instructions. Si l'ordre n'a pas été exécuté, il peut être nécessaire de revoir les paramètres de l'ordre ou d'ajuster le prix si nécessaire.

Frais de transaction : Gardez à l'esprit que des frais de transaction peuvent être associés à l'achat et à la vente d'ETF. Consultez les informations de votre courtier pour connaître les frais applicables et comprenez comment ces frais peuvent affecter vos rendements globaux.

En suivant ces étapes et en étant attentif aux détails lors de la passation d'ordres, vous pourrez acheter et vendre des parts d'ETF de manière efficace et en ligne avec votre stratégie d'investissement. N'oubliez pas de faire preuve de diligence raisonnable et de consulter un conseiller financier si nécessaire pour vous assurer que vos décisions d'investissement sont adaptées à votre situation financière et à vos objectifs.

Section 4.4: Les aspects à prendre en compte lors de l'exécution des transactions

Lors de l'achat et de la vente d'ETF, il est essentiel de prendre en compte certains aspects pour garantir une exécution optimale des transactions. Voici quelques points importants à considérer :

Liquidité de l'ETF : La liquidité d'un ETF fait référence à la facilité avec laquelle il peut être acheté ou vendu sur le marché. Certains ETF ont une liquidité élevée, ce qui signifie qu'ils sont activement négociés et qu'il existe un grand nombre d'acheteurs et de vendeurs sur le marché. D'autres ETF peuvent avoir une liquidité plus faible, ce qui peut entraîner une difficulté à exécuter des ordres ou à obtenir des prix compétitifs. Il est important de tenir compte de la liquidité de l'ETF avant de passer une transaction, en particulier pour les investisseurs qui souhaitent acheter ou vendre des quantités importantes.

Spread de l'ETF : Le spread d'un ETF représente la différence entre le prix d'achat et le prix de vente sur le marché. Il s'agit essentiellement du coût d'exécution de la transaction. Un spread étroit indique que l'ETF est négocié avec une faible différence de prix entre l'offre et la demande, ce qui est favorable pour les investisseurs. Un spread large, en revanche, indique une plus grande différence de prix, ce qui peut entraîner des coûts plus élevés pour l'achat ou la vente de l'ETF. Vérifiez le spread de l'ETF avant de passer une transaction pour éviter des frais excessifs.

Volume des transactions : Le volume des transactions d'un ETF représente le nombre total de parts qui ont été échangées sur une période donnée. Un volume élevé indique une activité de négociation importante, ce qui peut être un indicateur de la liquidité de l'ETF. Un volume plus faible peut rendre l'exécution des transactions plus difficile. Il est conseillé de choisir des ETF avec un volume de transactions suffisamment élevé pour garantir une exécution efficace des ordres.

Écart d'exécution : L'écart d'exécution se réfère à la différence entre le prix auquel vous souhaitez acheter ou vendre un ETF et le prix réel auquel l'ordre est exécuté. Cela peut être influencé par divers facteurs tels que la volatilité du marché, la liquidité de l'ETF et le moment de l'exécution de l'ordre. L'écart d'exécution peut avoir un impact sur le prix final que vous payez pour acheter un ETF ou le prix que vous recevez en vendant un ETF. Il est important de prendre en compte cet écart lors de la planification de vos transactions et de vous assurer que cela correspond à votre stratégie et à votre tolérance au risque.

Suivi de l'ordre : Une fois que vous avez passé un ordre, il est important de surveiller attentivement son exécution. Vérifiez les confirmations de transaction et assurez-vous que l'ordre a été exécuté conformément à vos instructions. Si vous constatez des écarts significatifs ou des problèmes, contactez votre courtier ou votre intermédiaire financier pour obtenir des clarifications.

En tenant compte de ces aspects lors de l'exécution des transactions d'ETF, vous pouvez optimiser vos investissements et réduire les coûts associés aux opérations. Soyez conscient des conditions de marché, de la liquidité de l'ETF et de la qualité de l'exécution des ordres pour prendre des décisions éclairées lors de l'achat et de la vente d'ETF.

CHAPITRE 5 : LES AVANTAGES DES ETF

Section 5.1: La liquidité des ETF

L'un des avantages clés des ETF réside dans leur liquidité, ce qui signifie qu'ils peuvent être facilement achetés ou vendus sur le marché. La liquidité des ETF est essentielle pour les investisseurs car elle leur permet d'exécuter rapidement des transactions sans affecter de manière significative le prix du marché. Voici quelques points importants à connaître sur la liquidité des ETF :

Échange sur le marché primaire et marché secondaire : Les ETF peuvent être créés et rachetés par les émetteurs sur le marché primaire. Cependant, la plupart des investisseurs achètent et vendent des ETF sur le marché secondaire, où les transactions ont lieu entre les investisseurs sur les bourses. Grâce à cette structure, les ETF peuvent offrir une liquidité élevée, car ils sont négociés comme des actions tout au long de la journée de négociation.

Taille du marché et volume de transactions : La liquidité d'un ETF est souvent influencée par la taille du marché sous-jacent qu'il suit. Les ETF qui répliquent des indices larges et liquides, tels que les principaux indices boursiers, ont généralement une liquidité plus élevée en raison de la disponibilité d'un grand nombre de participants au marché. De plus, les ETF qui connaissent un volume de transactions élevé sont généralement plus liquides, car il y a plus d'acheteurs et de vendeurs actifs sur le marché.

Écart d'achat-vente (bid-ask spread) : L'écart d'achat-vente d'un ETF est la différence entre le prix d'achat (bid) et le prix de vente (ask) sur le marché. Cet écart est déterminé par la différence entre le prix auquel les acheteurs sont prêts à acheter et le prix auquel les vendeurs sont prêts à vendre. Les ETF très liquides ont généralement un écart d'achat-vente étroit, ce qui signifie que la différence de prix entre l'offre et la demande est faible. Un écart d'achat-vente étroit permet aux investisseurs d'obtenir des prix d'exécution plus favorables lorsqu'ils achètent ou vendent des parts d'ETF.

Création et rachat des parts d'ETF : L'un des mécanismes clés de maintien de la liquidité des ETF est le processus de création et de rachat des parts. Les émetteurs d'ETF, en collaboration avec des teneurs de marché autorisés, peuvent créer de nouvelles parts d'ETF lorsque la demande augmente ou racheter des parts lorsque la demande diminue. Ce mécanisme permet d'ajuster l'offre et la demande des parts d'ETF sur le marché, ce qui contribue à maintenir la liquidité.

Surveillance continue de la liquidité : Les investisseurs doivent être conscients que la liquidité des ETF peut varier en fonction des conditions du marché. Dans des situations de volatilité accrue ou de faible volume de transactions, il est possible que l'écart d'achat-vente des ETF s'élargisse, ce qui peut entraîner des coûts d'exécution plus élevés. Il est donc important de surveiller régulièrement la liquidité des ETF dans lesquels vous investissez et de prendre en compte les conditions du marché au moment de l'exécution des transactions.

En comprenant et en tenant compte de la liquidité des ETF, vous pouvez bénéficier d'une exécution efficace des transactions et d'une capacité à acheter ou vendre des parts d'ETF au moment opportun. La liquidité élevée des ETF en fait un outil attrayant pour les investisseurs qui recherchent une flexibilité et une facilité de négociation dans leurs stratégies d'investissement.

Section 5.2: La facilité de négociation des ETF

La facilité de négociation est l'un des avantages clés des ETF, ce qui en fait un instrument populaire parmi les investisseurs. Voici quelques éléments à prendre en compte concernant la facilité de négociation des ETF :

Négociation en temps réel : Les ETF sont négociés en temps réel sur les marchés boursiers, ce qui signifie que les investisseurs peuvent acheter ou vendre des parts d'ETF à tout moment pendant les heures d'ouverture des marchés. Contrairement aux fonds communs de placement traditionnels, les investisseurs n'ont pas à attendre la fin de la journée pour exécuter leurs transactions. Cela offre une flexibilité et une réactivité accrues pour les investisseurs qui souhaitent ajuster rapidement leurs positions.

Taille des transactions : Les ETF sont disponibles dans différentes tailles de transactions, ce qui signifie que les investisseurs peuvent acheter ou vendre des parts d'ETF en fonction de leurs besoins. Il n'y a généralement pas de montant minimum requis pour les transactions d'ETF, ce qui permet aux investisseurs de commencer avec des montants relativement petits et d'ajuster leurs positions au fil du temps. Cela rend les ETF accessibles à un large éventail d'investisseurs, des particuliers aux grandes institutions.

Flexibilité des ordres : Les investisseurs peuvent utiliser différents types d'ordres pour acheter ou vendre des parts d'ETF. Les ordres au marché permettent une exécution immédiate au meilleur prix disponible, tandis que les ordres limités permettent aux investisseurs de fixer un prix spécifique auquel ils sont prêts à acheter ou vendre des parts d'ETF. Il existe également des ordres stop et stop-limit qui permettent aux investisseurs de limiter leurs pertes ou de protéger leurs gains. Cette flexibilité d'ordre offre aux investisseurs un contrôle précis sur leurs transactions d'ETF.

Transparence des prix : Les prix des ETF sont facilement accessibles et transparents. Les investisseurs peuvent suivre les fluctuations des prix des ETF tout au long de la journée sur les plateformes de négociation ou en utilisant des services d'informations financières. Cela permet aux investisseurs de prendre des décisions éclairées en fonction des prix en temps réel et de suivre la performance de leurs investissements.

Possibilité de vente à découvert : Les ETF offrent également la possibilité de vente à découvert, ce qui signifie que les investisseurs peuvent parier sur une baisse des prix des parts d'ETF. Cela permet aux investisseurs de tirer profit des mouvements à la baisse du marché ou de mettre en place des stratégies de couverture pour se protéger contre les pertes potentielles. La vente à découvert des ETF offre une flexibilité supplémentaire pour les investisseurs qui cherchent à bénéficier des opportunités de marché.

La facilité de négociation des ETF en fait un outil attractif pour les investisseurs qui recherchent une liquidité élevée, une exécution rapide des transactions et une flexibilité dans leurs stratégies d'investissement. Cependant, il est toujours recommandé de comprendre les caractéristiques spécifiques de chaque ETF et de consulter un conseiller financier avant de prendre des décisions d'investissement.

Section 5.3 : La diversification des investissements avec les ETF

L'un des principaux avantages des ETF est leur capacité à offrir une diversification facile et abordable dans un portefeuille d'investissement. Voici quelques points clés à prendre en compte concernant la diversification des investissements avec les ETF :

Exposition à un large éventail d'actifs : Les ETF offrent aux investisseurs une exposition à un large éventail d'actifs, tels que des actions, des obligations, des matières premières, des devises, des secteurs spécifiques et même des marchés internationaux. En investissant dans différents ETF, les investisseurs peuvent diversifier leurs portefeuilles en répartissant leurs avoirs sur plusieurs classes d'actifs, régions géographiques ou secteurs d'activité.

Réduction du risque spécifique à une entreprise : Les ETF permettent aux investisseurs de réduire le risque spécifique à une entreprise en investissant dans un panier d'actions ou d'obligations plutôt que dans une seule entreprise. Par exemple, un ETF indiciel qui suit un indice boursier large répliquera la performance de l'ensemble de l'indice, répartissant ainsi le risque sur de nombreuses entreprises. Cela peut aider à atténuer l'impact d'une mauvaise performance d'une entreprise spécifique sur le rendement global du portefeuille.

Accès à des marchés difficiles à atteindre : Certains marchés, tels que les marchés émergents ou les marchés de niche, peuvent être difficiles à atteindre pour les investisseurs individuels en raison de diverses contraintes, telles que des restrictions réglementaires ou un accès limité. Les ETF offrent une solution en permettant aux investisseurs d'accéder facilement à ces marchés grâce à des ETF spécialisés qui répliquent des indices spécifiques. Cela offre aux investisseurs la possibilité de diversifier leur portefeuille avec des actifs plus difficiles à obtenir autrement.

Gestion de la volatilité : En diversifiant un portefeuille avec différents types d'actifs, les investisseurs peuvent potentiellement réduire la volatilité globale du portefeuille. Par exemple, en incluant des ETF obligataires dans un portefeuille composé principalement d'actions, les investisseurs peuvent réduire l'impact des fluctuations des marchés boursiers sur leurs rendements globaux. Cela peut aider à atténuer le risque et à stabiliser le portefeuille dans des conditions de marché volatiles.

Simplification de la gestion de portefeuille : En investissant dans des ETF, les investisseurs peuvent simplifier la gestion de leur portefeuille. Au lieu de devoir sélectionner et suivre individuellement plusieurs actions ou obligations, les investisseurs peuvent utiliser des ETF pour obtenir une exposition diversifiée à plusieurs actifs en une seule transaction. Cela réduit le temps et les efforts nécessaires pour gérer un portefeuille, tout en offrant une diversification adéquate.

Il est important de noter que la diversification, bien que bénéfique pour réduire le risque, ne garantit pas un rendement positif ou la protection contre les pertes. Il est essentiel de comprendre les caractéristiques spécifiques de chaque ETF, de bien évaluer la diversification offerte et de surveiller régulièrement les performances de votre portefeuille pour s'assurer qu'il reste aligné sur vos objectifs d'investissement.

Section 5.4 : Les frais réduits des ETF

Les ETF se distinguent également par leurs frais relativement bas par rapport à d'autres véhicules d'investissement. Voici quelques éléments clés à considérer concernant les frais réduits des ETF :

Frais de gestion compétitifs : Les frais de gestion des ETF sont généralement plus bas que ceux des fonds communs de placement traditionnels. Les frais de gestion des ETF sont exprimés en pourcentage annuel et représentent le coût que vous payez pour investir dans l'ETF. Ces frais sont automatiquement déduits de la valeur de l'actif net de l'ETF, ce qui signifie que vous ne les payez pas directement. Les frais de gestion des ETF varient en fonction de l'émetteur de l'ETF, du type d'ETF et de la stratégie d'investissement.

Effet de l'échelle : Les ETF bénéficient de l'effet de l'échelle, ce qui signifie que plus l'actif sous gestion de l'ETF est important, plus les frais peuvent être réduits. En raison de leur popularité croissante, de nombreux ETF ont accumulé des actifs importants, ce qui leur permet de négocier des frais de gestion réduits avec les fournisseurs d'indices et d'autres prestataires de services. Les investisseurs bénéficient de ces économies d'échelle en payant des frais de gestion plus bas.

Transparence des coûts : Les ETF offrent une transparence des coûts élevée. Avant d'investir dans un ETF, les investisseurs peuvent facilement trouver des informations sur les frais de gestion dans la documentation de l'ETF. De plus, les émetteurs d'ETF sont tenus de publier régulièrement le ratio des frais d'exploitation (TER) de leurs ETF, ce qui permet aux investisseurs de comprendre précisément les coûts associés à leur investissement.

Économies de coûts de transaction : Les ETF peuvent également permettre aux investisseurs de réaliser des économies de coûts de transaction. Étant donné que les ETF se négocient en bourse comme des actions, les investisseurs peuvent acheter et vendre des parts d'ETF à tout moment pendant les heures de marché, à un coût généralement inférieur à celui des transactions effectuées via d'autres véhicules d'investissement. De plus, les spreads d'achat/vente des ETF sont souvent serrés, ce qui réduit les coûts liés à l'exécution des transactions.

Comparaison avec d'autres véhicules d'investissement : Lorsqu'on les compare à d'autres véhicules d'investissement tels que les fonds communs de placement actifs ou les comptes gérés individuellement, les ETF se distinguent par leurs frais réduits. Les frais de gestion inférieurs des ETF peuvent avoir un impact significatif sur les rendements à long terme, permettant aux investisseurs de conserver une plus grande part des rendements générés par leurs investissements.

Il est important de noter que, bien que les frais réduits soient un avantage majeur des ETF, il est essentiel d'examiner attentivement les autres aspects de l'ETF, tels que la performance passée, l'objectif d'investissement, la réplication de l'indice et la qualité de l'émetteur, avant de prendre une décision d'investissement.

En résumé, les frais réduits des ETF offrent aux investisseurs un moyen rentable d'accéder à une large gamme de classes d'actifs et de stratégies d'investissement. La transparence des coûts, l'effet de l'échelle et les économies de coûts de transaction font des ETF un choix attrayant pour les investisseurs soucieux de minimiser les frais et d'optimiser les rendements à long terme de leur portefeuille d'investissement.

Section 5.5 : La transparence des actifs sous-jacents

L'un des avantages distinctifs des ETF est leur transparence en ce qui concerne les actifs sous-jacents. Voici quelques éléments clés à considérer concernant la transparence des actifs sous-jacents des ETF :

Réplication de l'indice : Les ETF sont conçus pour répliquer la performance d'un indice spécifique, qu'il s'agisse d'un indice boursier, sectoriel, thématique ou autre. En tant qu'investisseur dans un ETF, vous pouvez facilement connaître la composition de l'indice sous-jacent, ainsi que les actions, les obligations, les matières premières ou autres actifs inclus dans cet indice. Cette transparence vous permet de comprendre exactement dans quoi vous investissez et d'évaluer si l'ETF correspond à votre stratégie d'investissement.

Rapports de composition : Les émetteurs d'ETF publient régulièrement des rapports de composition détaillant les actifs qui composent l'ETF. Ces rapports fournissent des informations sur les sociétés ou les titres individuels inclus dans l'ETF, leur poids relatif dans l'indice sous-jacent, ainsi que d'autres statistiques pertinentes. Ces rapports sont disponibles pour tous les investisseurs et permettent une transparence totale sur les actifs sous-jacents de l'ETF.

Fréquence de publication : Les émetteurs d'ETF sont tenus de publier la composition de leurs ETF à intervalles réguliers, généralement quotidiennement. Cela signifie que vous pouvez suivre en temps réel les changements dans la composition de l'ETF et avoir une vision claire de l'évolution de vos investissements. Cette transparence vous permet de prendre des décisions d'investissement éclairées et de suivre la performance de l'ETF par rapport à son indice de référence.

Suivi de l'indice : Étant donné que les ETF sont conçus pour répliquer la performance d'un indice spécifique, il est important de comprendre comment l'ETF suit cet indice. Certains ETF utilisent une réplication physique, où ils détiennent réellement les actifs de l'indice, tandis que d'autres utilisent une réplication synthétique, où ils utilisent des produits dérivés pour imiter la performance de l'indice. Quelle que soit la méthode utilisée, les émetteurs d'ETF sont tenus de fournir des informations sur la stratégie de réplication de l'ETF, ce qui contribue à la transparence des actifs sous-jacents.

Surveillance de la performance : En raison de la transparence des actifs sous-jacents, les investisseurs peuvent facilement évaluer la performance de leur ETF par rapport à son indice de référence. Ils peuvent comparer les rendements, les ratios de volatilité et d'autres statistiques pour évaluer si l'ETF atteint les objectifs de suivi de l'indice. Cette transparence permet aux investisseurs de prendre des décisions informées sur leur portefeuille et de réagir rapidement aux éventuels écarts de performance.

La transparence des actifs sous-jacents des ETF offre aux investisseurs une visibilité claire sur les composantes de leur investissement. Cette transparence accrue permet une meilleure compréhension de l'exposition et des risques associés à l'ETF, ce qui contribue à une prise de décision plus éclairée et à une gestion plus efficace du portefeuille.

Section 5.6 : La flexibilité des ETF

L'un des avantages majeurs des ETF réside dans leur flexibilité en tant qu'outil d'investissement. Voici quelques aspects clés de la flexibilité des ETF :

Négociabilité en temps réel : Les ETF sont négociés en bourse, ce qui signifie qu'ils peuvent être achetés et vendus tout au long de la journée pendant les heures de négociation des marchés financiers. Cela offre aux investisseurs une flexibilité en termes de timing pour exécuter leurs transactions. Contrairement aux fonds communs de placement traditionnels, où les transactions sont généralement effectuées à la clôture de la journée de négociation, les ETF permettent aux investisseurs de réagir rapidement aux changements du marché et d'ajuster leurs positions en temps réel.

Taille des investissements : Les ETF offrent la possibilité d'investir avec des montants relativement faibles. Contrairement à certains investissements traditionnels qui peuvent exiger des seuils d'investissement minimum élevés, les ETF permettent aux investisseurs de participer avec des montants plus modestes. Cela rend les ETF accessibles à un large éventail d'investisseurs, qu'ils soient débutants ou disposant de moins de capital à investir.

Options d'ordres : Les investisseurs peuvent utiliser divers types d'ordres pour acheter ou vendre des ETF, ce qui ajoute à leur flexibilité. Les ordres au marché permettent d'acheter ou de vendre immédiatement au meilleur prix disponible, tandis que les ordres à cours limité permettent de spécifier un prix maximum ou minimum auquel exécuter la transaction. Les ordres stop-loss peuvent également être utilisés pour limiter les pertes en déclenchant automatiquement la vente d'un ETF si son prix atteint un niveau prédéterminé. Ces options offrent aux investisseurs la possibilité de mettre en œuvre des stratégies de trading et de gestion des risques adaptées à leurs objectifs.

Combinaison avec d'autres instruments : Les ETF peuvent être facilement combinés avec d'autres instruments financiers pour créer des stratégies d'investissement plus complexes. Par exemple, les investisseurs peuvent utiliser des ETF sectoriels pour se positionner sur des secteurs spécifiques tout en maintenant une exposition globale équilibrée grâce à d'autres ETF à large base. Les ETF peuvent également être utilisés dans des stratégies d'allocation d'actifs pour obtenir une diversification efficace et gérer les risques.

Dividendes et distributions : Certains ETF versent des dividendes ou des distributions aux investisseurs. Ces paiements peuvent être soit accumulés, c'est-à-dire réinvestis automatiquement dans l'ETF pour augmenter le capital, soit distribués aux investisseurs sous forme de paiements en espèces. La flexibilité réside dans le choix offert aux investisseurs de sélectionner des ETF avec des stratégies de distribution appropriées à leurs besoins, que ce soit pour un revenu régulier ou pour une croissance du capital.

La flexibilité des ETF en termes de négociabilité, de tailles d'investissement, d'options d'ordres, de combinaison avec d'autres instruments et de gestion des dividendes permet aux investisseurs d'adapter leurs stratégies d'investissement à leurs objectifs spécifiques et à leur tolérance au risque. Cela offre une plus grande liberté et un contrôle accru sur la gestion de leur portefeuille, ce qui peut être très attractif pour de nombreux investisseurs.

CHAPITRE 6 :
EXEMPLES D'ETF

Section 6.1 : Décrypter
le nom d'un ETF

Lorsque vous explorez le monde des ETF, vous rencontrez souvent des noms complexes et mystérieux tels que "Lyxor Core MSCI World (DR) UCITS ETF - Acc". Comprendre la signification de ces noms peut être utile pour prendre des décisions éclairées lors de la sélection d'ETF. Dans cette section, nous allons décrypter le nom d'un ETF en examinant chaque composante.

1. L'émetteur / société de gestion : Le nom de l'émetteur ou de la société de gestion est généralement présent au début du nom de l'ETF. Par exemple, "Lyxor Core" dans l'exemple donné. Il indique la société responsable de la gestion de l'ETF.

2. L'indice de référence : Le nom de l'indice de référence que l'ETF cherche à répliquer est souvent inclus dans le nom. Dans notre exemple, "MSCI World" est l'indice de référence. Cela signifie que cet ETF vise à reproduire les performances de l'indice MSCI World.

3. La méthode de réplication : Certains noms d'ETF incluent une indication sur la méthode de réplication utilisée. Par exemple, "(DR)" signifie "Direct Replication", ce qui indique que l'ETF utilise une réplication physique pour suivre l'indice. Cela signifie que l'ETF détient réellement les actifs sous-jacents de l'indice.

4. Conformité à la directive UCITS : Certains noms d'ETF mentionnent "UCITS", qui fait référence à la directive UCITS (Undertakings for Collective Investment in Transferable

Securities). Cela indique que l'ETF est conforme aux règlements et aux exigences de cette directive, qui établit des normes pour les fonds d'investissement commercialisés en Europe.

5. Dividendes : La dernière partie du nom de l'ETF peut donner des informations sur la manière dont les dividendes sont traités. Par exemple, "Acc" ou "Accumulating" signifie que les dividendes dégagés par l'ETF sont réinvestis, contribuant ainsi à la croissance du capital. En revanche, "Dist." ou "Distributing" signifie que les dividendes sont distribués aux détenteurs d'ETF.

Comprendre la signification de chaque composante du nom d'un ETF peut vous aider à sélectionner les ETF qui correspondent le mieux à vos objectifs et à votre stratégie d'investissement. Par exemple, si vous préférez une réplication physique plutôt que synthétique, vous pouvez rechercher des ETF qui utilisent cette méthode. De même, si vous souhaitez accumuler des dividendes, vous pouvez opter pour des ETF avec la mention "Acc" dans leur nom.

N'hésitez pas à décrypter les noms des ETF que vous envisagez d'acheter et à consulter les informations détaillées fournies par l'émetteur pour mieux comprendre les caractéristiques et les objectifs de chaque ETF. Cela vous aidera à prendre des décisions d'investissement plus éclairées et à construire un portefeuille qui correspond à vos besoins.

Section 6.2 : Présentation d'ETF liés à des indices boursiers

Les ETF liés à des indices boursiers sont parmi les plus populaires et les plus largement utilisés par les investisseurs. Dans cette section, nous allons explorer plus en détail ces types d'ETF et comprendre leur fonctionnement ainsi que leurs avantages.

Réplication de l'indice boursier : Les ETF liés à des indices boursiers cherchent à reproduire les performances d'un indice spécifique, tel que le S&P 500, le Dow Jones Industrial Average ou le FTSE 100. Ils le font en investissant dans les mêmes actions ou une sélection représentative de celles-ci, dans des proportions similaires à celles de l'indice sous-jacent. Cette approche permet aux investisseurs de bénéficier de l'évolution générale du marché boursier sans avoir à acheter individuellement toutes les actions qui composent l'indice.

Exposition diversifiée : En investissant dans un ETF lié à un indice boursier, les investisseurs bénéficient d'une exposition diversifiée à un large éventail d'actions. Cela réduit le risque spécifique lié à la performance d'une seule action. Par exemple, un ETF lié à l'indice S&P 500 offre une exposition à 500 des plus grandes entreprises américaines, réparties sur différents secteurs et industries.

Facilité de négociation : Les ETF liés à des indices boursiers sont négociés en bourse, ce qui signifie qu'ils peuvent être achetés et vendus tout au long de la journée, comme des actions ordinaires. Cela offre une flexibilité aux investisseurs, leur permettant d'ajuster leur exposition aux marchés boursiers en fonction de leur stratégie et de leurs convictions.

Frais réduits : Les ETF liés à des indices boursiers ont généralement des frais de gestion relativement bas par rapport aux fonds communs de placement traditionnels. Cela est dû à leur approche de gestion passive et à la réplication de l'indice. Les frais réduits permettent aux investisseurs de conserver une plus grande partie de leurs rendements et d'améliorer leur rentabilité à long terme.

Liquidité : Étant donné que les ETF liés à des indices boursiers sont négociés en bourse, ils offrent une liquidité élevée. Cela signifie qu'il est généralement facile d'acheter ou de vendre des parts d'ETF à des prix proches de la valeur liquidative de l'actif sous-jacent. Les investisseurs peuvent ainsi entrer ou sortir de leur position rapidement et efficacement, ce qui est essentiel dans un environnement de marché dynamique.

Les ETF liés à des indices boursiers offrent donc une solution pratique, diversifiée et rentable pour les investisseurs qui souhaitent obtenir une exposition aux marchés boursiers sans la nécessité de sélectionner et d'acheter individuellement des actions. Que vous soyez un investisseur débutant ou expérimenté, ces ETF peuvent constituer une partie essentielle de votre portefeuille en vous permettant de participer à la croissance des marchés boursiers nationaux ou internationaux.

Section 6.3: Les ETF thématiques : investir selon des tendances spécifiques

Les ETF thématiques sont une catégorie spéciale d'ETF qui permet aux investisseurs de se positionner sur des thèmes ou des tendances spécifiques du marché. Ces ETF offrent une exposition ciblée à des secteurs d'activité ou à des domaines d'investissement en plein essor, tels que les énergies renouvelables, la technologie de pointe, la santé, l'intelligence artificielle, l'innovation, le commerce électronique, etc.

L'objectif des ETF thématiques est de capturer les opportunités de croissance liées à des tendances émergentes et de permettre aux investisseurs de participer à ces secteurs en plein essor. Ces fonds sont conçus pour suivre des indices thématiques spécifiques qui regroupent des sociétés qui opèrent dans des domaines liés à la thématique choisie.

L'un des avantages des ETF thématiques est qu'ils permettent aux investisseurs de capitaliser sur des tendances à long terme qui peuvent avoir un impact significatif sur l'économie mondiale. Par exemple, un ETF thématique axé sur les énergies renouvelables pourrait investir dans des sociétés qui développent des technologies solaires, éoliennes et de stockage d'énergie. Les investisseurs peuvent ainsi participer à la transition énergétique en soutenant des sociétés innovantes dans le domaine des énergies propres.

Les ETF thématiques offrent également une diversification intrinsèque à travers un panier d'actions liées à la thématique choisie. Cela permet aux investisseurs de réduire leur exposition aux risques spécifiques liés à une seule entreprise, tout en bénéficiant de l'opportunité de croissance du secteur thématique dans son ensemble.

Cependant, il est important de noter que les ETF thématiques peuvent présenter des risques spécifiques. Les performances des sociétés incluses dans l'indice thématique peuvent être plus volatiles que celles des sociétés d'indices plus larges. De plus, les tendances peuvent changer rapidement, et il est essentiel de surveiller régulièrement l'évolution du secteur thématique choisi.

Avant d'investir dans un ETF thématique, il est recommandé aux investisseurs de bien comprendre la thématique, d'évaluer la solidité des sociétés incluses dans l'indice, d'examiner les frais et les performances passées de l'ETF, ainsi que de considérer leur profil de risque personnel et leurs objectifs d'investissement.

En conclusion, les ETF thématiques offrent aux investisseurs la possibilité de participer à des secteurs d'activité spécifiques qui connaissent une croissance soutenue. Cependant, il est important d'effectuer une analyse approfondie et de prendre en compte les risques spécifiques avant de choisir un ETF thématique. Ces fonds peuvent constituer un complément intéressant à un portefeuille diversifié, permettant aux investisseurs de profiter des opportunités de croissance dans des domaines qui les intéressent particulièrement.

Section 6.4: Les ETF thématiques - Investir selon des tendances spécifiques

Les ETF thématiques sont des fonds négociés en bourse qui se concentrent sur des secteurs spécifiques, des tendances émergentes ou des thèmes d'investissement particuliers. Contrairement aux ETF traditionnels qui suivent des indices larges tels que les indices boursiers, les ETF thématiques offrent une exposition ciblée à des domaines spécifiques de l'économie.

Ces ETF sont conçus pour permettre aux investisseurs de tirer parti des opportunités liées à des thèmes d'investissement spécifiques, tels que les énergies renouvelables, la technologie de l'intelligence artificielle, les soins de santé, l'innovation, l'e-commerce, les infrastructures, etc. Ils sont conçus pour capturer les performances des entreprises qui opèrent dans ces secteurs.

L'un des principaux avantages des ETF thématiques est la possibilité d'investir dans des tendances et des idées d'avenir. Les investisseurs peuvent tirer parti de l'évolution des comportements de consommation, des avancées technologiques, des changements démographiques et d'autres facteurs pertinents pour un thème spécifique. Cela permet aux investisseurs de prendre position dans des domaines qui sont susceptibles de connaître une croissance significative à long terme.

De plus, les ETF thématiques offrent une diversification au sein d'un secteur spécifique. Plutôt que de sélectionner individuellement des actions de sociétés spécifiques, les investisseurs peuvent détenir un panier diversifié d'actions liées à un thème particulier. Cela réduit le risque lié à la concentration dans quelques entreprises spécifiques et permet une exposition plus large à un secteur donné.

Les ETF thématiques offrent également une liquidité et une transparence accrues. Comme les autres ETF, ils sont négociés en bourse et peuvent être achetés ou vendus tout au long de la journée. De plus, ces fonds fournissent des informations détaillées sur leurs indices de référence, leur composition, leurs frais et leur performance, ce qui permet aux investisseurs de prendre des décisions éclairées.

Cependant, il est important de noter que les ETF thématiques comportent des risques spécifiques. Les performances des ETF thématiques sont étroitement liées aux performances du secteur ou du thème sous-jacent. Si le thème ne se développe pas comme prévu ou si le secteur connaît des difficultés, cela peut avoir un impact négatif sur les performances de l'ETF. De plus, certains thèmes peuvent être plus volatils que d'autres, ce qui augmente le niveau de risque.

Avant d'investir dans des ETF thématiques, il est essentiel de comprendre le thème ou le secteur sous-jacent, d'évaluer les perspectives de croissance à long terme, de considérer les coûts associés tels que les frais de gestion, et de s'assurer que l'investissement est cohérent avec son profil de risque et ses objectifs d'investissement.

En conclusion, les ETF thématiques offrent aux investisseurs une opportunité d'investir dans des tendances et des secteurs spécifiques, leur permettant ainsi de capitaliser sur les évolutions économiques et technologiques. Cependant, il est important d'effectuer une analyse approfondie et de comprendre les risques associés avant de prendre des décisions d'investissement.

Section 6.5: Les ETF liés aux matières premières

Les ETF liés aux matières premières offrent aux investisseurs une exposition directe aux prix des matières premières telles que l'or, le pétrole, l'argent, le cuivre, le gaz naturel, les métaux précieux, les produits agricoles, etc. Ces fonds permettent aux investisseurs de participer aux mouvements du marché des matières premières sans avoir à détenir physiquement les actifs sous-jacents.

Les ETF liés aux matières premières sont conçus pour répliquer les variations de prix des matières premières, soit en détenant les matières premières physiques, soit en utilisant des contrats à terme, des options ou d'autres instruments dérivés. Cela permet aux investisseurs de bénéficier de l'évolution des prix des matières premières sans les contraintes logistiques et de stockage associées à la détention physique des actifs.

Ces ETF sont populaires parmi les investisseurs qui cherchent à diversifier leur portefeuille et à se protéger contre l'inflation. Les matières premières peuvent jouer un rôle important dans la préservation de la valeur du capital, en particulier pendant les périodes d'incertitude économique et de volatilité des marchés financiers.

Les avantages des ETF liés aux matières premières résident dans leur facilité d'accès, leur liquidité et leur transparence. Contrairement à l'achat direct de matières premières physiques, les ETF permettent aux investisseurs de négocier facilement des parts sur les marchés boursiers, offrant une flexibilité en termes d'achat et de vente. De plus, les ETF fournissent des informations transparentes sur les actifs sous-jacents, les performances, les frais et les indices de référence, permettant aux investisseurs de prendre des décisions éclairées.

Il est important de noter que les ETF liés aux matières premières comportent certains risques. Les prix des matières premières peuvent être volatils et sensibles à des facteurs tels que l'offre et la demande, les événements géopolitiques, les conditions météorologiques, les politiques gouvernementales, etc. De plus, certains ETF peuvent utiliser des contrats à terme ou des produits dérivés, ce qui peut augmenter la complexité et les risques liés à ces fonds.

Avant d'investir dans un ETF lié aux matières premières, il est essentiel de comprendre la nature de l'actif sous-jacent, d'évaluer les tendances du marché, de considérer les coûts associés tels que les frais de gestion et de transaction, ainsi que de prendre en compte son propre profil de risque et ses objectifs d'investissement.

En conclusion, les ETF liés aux matières premières offrent aux investisseurs une exposition diversifiée aux prix des matières premières, leur permettant de participer aux mouvements du marché sans détenir physiquement les actifs. Ces fonds peuvent constituer un outil intéressant pour la diversification d'un portefeuille et la gestion des risques, tout en offrant une liquidité et une transparence accrues. Cependant, il est important de comprendre les risques associés et de mener une analyse approfondie avant d'investir dans ces ETF.

CHAPITRE 7 :
BONNES PRATIQUES
AVANT D'INVESTIR
DANS LES ETF

Section 7.1 : Performance des ETF en période de baisse

Lorsque les marchés financiers connaissent une période de baisse, il est essentiel de comprendre comment les ETF se comportent et quelle est leur performance relative par rapport aux autres instruments d'investissement. Comme tout autre actif financier, les ETF ne sont pas immunisés contre les fluctuations et les baisses du marché, mais certains aspects spécifiques peuvent influencer leur performance dans ces périodes.

1. Diversification : L'un des avantages des ETF est qu'ils offrent une diversification intrinsèque en raison de leur exposition à un panier d'actifs sous-jacents. Lorsque les marchés baissent, cette diversification peut aider à atténuer les pertes en répartissant le risque sur plusieurs titres. Les ETF qui suivent des indices larges ou sectoriels peuvent offrir une meilleure protection contre la volatilité du marché.

2. Réplication de l'indice : Les ETF sont conçus pour reproduire la performance d'un indice spécifique. Pendant une période de

baisse, si l'indice sous-jacent diminue, il est probable que la valeur de l'ETF diminue également. Cependant, la qualité de la réplication de l'indice peut varier d'un ETF à l'autre. Certains ETF utilisent une méthode de réplication physique où ils détiennent réellement les actifs de l'indice, tandis que d'autres utilisent une réplication synthétique qui implique des contrats dérivés. Il est important de comprendre quelle méthode est utilisée par l'ETF pour évaluer son exposition au risque.

3. Liquidité : Pendant une période de baisse, la liquidité des actifs sous-jacents peut se réduire, ce qui peut affecter la liquidité des ETF. Cependant, la plupart des ETF sont négociés en bourse, ce qui signifie qu'ils peuvent être achetés ou vendus à tout moment pendant les heures de marché. Cela offre aux investisseurs une flexibilité pour ajuster leur position en fonction des conditions du marché.

4. Frais : Les frais associés aux ETF peuvent également avoir un impact sur leur performance en période de baisse. Les frais de gestion, exprimés en pourcentage des actifs gérés, sont prélevés régulièrement par l'émetteur de l'ETF pour couvrir les coûts de gestion et de suivi de l'indice. Il est important de prendre en compte ces frais lors de l'évaluation de la performance de l'ETF, car ils peuvent réduire le rendement net.

Il convient de noter que la performance des ETF en période de baisse dépendra également de nombreux autres facteurs, tels que la composition de l'indice sous-jacent, la nature du marché et les conditions économiques générales. Il est essentiel de réaliser une analyse approfondie et de consulter des professionnels de l'investissement pour évaluer les performances potentielles des ETF pendant les périodes de baisse.

Il est également important de souligner que les ETF ne garantissent pas la protection du capital et que les pertes sont possibles. Les investisseurs doivent toujours comprendre les risques associés à tout instrument financier et prendre des décisions d'investissement éclairées en fonction de leurs objectifs, de leur tolérance au risque et de leur horizon d'investissement.

Section 7.2 : Les frais des ETF

Lorsque vous investissez dans des ETF, il est essentiel de comprendre les frais associés à ces produits financiers. Les frais peuvent avoir un impact significatif sur le rendement de votre investissement à long terme, il est donc important d'en tenir compte lors de la sélection et de l'évaluation des ETF. Voici quelques éléments à prendre en considération concernant les frais des ETF :

Frais de gestion : Les frais de gestion sont les principaux frais associés aux ETF. Ils représentent un pourcentage des actifs gérés et sont prélevés par l'émetteur de l'ETF pour couvrir les coûts de gestion, de suivi de l'indice et de fonctionnement du fonds. Les frais de gestion varient d'un ETF à l'autre et peuvent être influencés par plusieurs facteurs, tels que la taille de l'ETF, la complexité de sa stratégie d'investissement et le niveau de concurrence sur le marché. Il est important de comparer les frais de gestion entre différents ETF pour trouver celui qui offre un bon équilibre entre la qualité de suivi de l'indice et les coûts associés.

Frais de transaction : Lorsque vous achetez ou vendez des ETF, vous devrez payer des frais de transaction. Ces frais sont généralement perçus par votre courtier ou votre plateforme de négociation en fonction du montant investi ou du nombre d'actions échangées. Les frais de transaction peuvent varier en fonction du courtier choisi, du type d'ordre passé (au marché ou à cours limité) et du volume des transactions effectuées. Il est conseillé de comparer les frais de transaction entre différentes plateformes pour minimiser les coûts associés à vos opérations d'achat et de vente d'ETF.

Frais de suivi de l'indice : Certains ETF, en particulier les ETF synthétiques, peuvent avoir des frais de suivi de l'indice. Ces frais sont liés aux contrats dérivés utilisés par l'ETF pour reproduire la performance de l'indice sous-jacent. Les frais de suivi peuvent être inclus dans les frais de gestion ou être facturés séparément. Il est important de comprendre les coûts associés à la méthode de réplication utilisée par l'ETF et de les comparer avec d'autres options disponibles.

Frais de dividendes : Certains ETF distribuent des dividendes aux investisseurs, généralement issus des dividendes versés par les titres de l'indice sous-jacent. Les frais de dividendes peuvent être prélevés par l'émetteur de l'ETF pour couvrir les coûts de distribution des dividendes aux investisseurs. Il est important de vérifier si l'ETF que vous envisagez d'investir distribue des dividendes et de comprendre les frais associés à cette distribution.

Lorsque vous évaluez les frais des ETF, il est essentiel de les considérer dans le contexte du rendement potentiel de l'investissement. Un ETF avec des frais plus élevés peut offrir une performance supérieure à long terme en raison de sa stratégie d'investissement ou de sa qualité de suivi de l'indice. Il est donc important d'examiner les frais en relation avec d'autres facteurs clés tels que la performance historique, la liquidité, la taille de l'ETF et les objectifs d'investissement.

Il convient également de noter que les frais des ETF peuvent varier dans le temps en fonction des décisions prises par l'émetteur de l'ETF et des conditions du marché. Il est donc recommandé de surveiller régulièrement les frais associés à vos investissements et de rester informé des éventuelles modifications apportées par l'émetteur de l'ETF.

Section 7.3 : Cotation des

ETF sur les bourses

La cotation des ETF sur les bourses est un aspect important à prendre en compte lors de l'investissement dans ces produits financiers. Lorsque vous achetez ou vendez des ETF, vous devez tenir compte des caractéristiques de cotation spécifiques à chaque marché boursier sur lequel l'ETF est négocié. Voici quelques points clés à connaître concernant la cotation des ETF :

1. Marchés primaires et secondaires : Les ETF sont créés et émis sur le marché primaire par les émetteurs autorisés. C'est lors de cette étape que de nouvelles parts d'ETF sont créées ou rachetées en fonction de la demande des investisseurs. Une fois créés, les ETF peuvent être négociés sur le marché secondaire, qui est le marché boursier où les investisseurs achètent et vendent des parts d'ETF entre eux.

2. Liquidité : La liquidité est un élément crucial lors de la négociation des ETF. La liquidité d'un ETF dépend de la demande et de l'offre sur le marché, ainsi que du volume de transactions effectuées. Les ETF les plus liquides ont généralement un grand nombre de transactions quotidiennes, ce qui facilite l'achat et la vente à des prix compétitifs. Il est recommandé de choisir des ETF liquides, car cela permet une exécution plus efficace des ordres et réduit le risque d'écart entre le prix d'achat et de vente.

3. Horaires de cotation : Les horaires de cotation des ETF peuvent varier en fonction du marché boursier sur lequel ils sont négociés. Il est important de connaître les horaires spécifiques de chaque marché pour savoir quand les ETF sont disponibles à la négociation. Certains marchés peuvent avoir des horaires d'ouverture et de clôture différents, ainsi que des périodes de pré-ouverture ou de post-clôture où la liquidité peut être limitée.

4. Types d'ordres : Lors de la négociation des ETF, vous pouvez utiliser différents types d'ordres pour acheter ou vendre des parts. Les types d'ordres courants incluent les ordres au marché, les ordres à cours limité et les ordres stop. Chaque type d'ordre a ses propres caractéristiques et avantages, il est donc important de comprendre comment ils fonctionnent et de choisir celui qui

correspond le mieux à vos objectifs d'investissement.

5. Frais de négociation : Lorsque vous négociez des ETF sur les bourses, vous serez soumis à des frais de négociation. Ces frais sont généralement perçus par votre courtier ou votre plateforme de négociation et varient en fonction du montant investi ou du nombre d'actions échangées. Il est conseillé de comparer les frais de négociation entre différents courtiers pour trouver celui qui offre des tarifs compétitifs.

En résumé, la cotation des ETF sur les bourses joue un rôle essentiel dans leur accessibilité et leur facilité de négociation. Il est important de comprendre les caractéristiques de cotation propres à chaque marché boursier et d'évaluer la liquidité, les horaires de négociation, les types d'ordres et les frais de négociation associés à l'achat et à la vente d'ETF. Une bonne compréhension de ces éléments vous permettra d'optimiser vos décisions d'investissement et d'exploiter au mieux les avantages des ETF.

CHAPITRE 8 : LES INCONVÉNIENTS DES ETF

Section 8.1 : La possibilité de suivi imparfait de l'indice

Lorsqu'il s'agit d'investir dans des ETF, il est important de comprendre que la performance de l'ETF peut différer de celle de l'indice sous-jacent qu'il cherche à reproduire. Cette différence de performance est généralement attribuée à ce qu'on appelle le suivi imparfait de l'indice.

Le suivi imparfait de l'indice se produit principalement en raison de certains facteurs, tels que les frais de gestion de l'ETF, les coûts de transaction, la composition de l'indice et les ajustements périodiques. Voici quelques points à prendre en compte concernant ce phénomène :

Frais de gestion : Les ETF ont des frais de gestion qui sont généralement exprimés en pourcentage des actifs sous gestion. Ces frais sont utilisés pour couvrir les coûts d'exploitation de l'ETF, tels que les frais administratifs, les frais de gestion du portefeuille et les frais de distribution. Ces frais peuvent réduire légèrement la performance de l'ETF par rapport à celle de l'indice, car ils sont déduits des rendements.

Coûts de transaction : Lorsque l'ETF cherche à répliquer l'indice, il peut y avoir des coûts de transaction associés à l'achat et à la vente des actifs sous-jacents de l'indice. Ces coûts peuvent être dus aux spreads entre l'offre et la demande, aux commissions de courtage et à d'autres frais de transaction. Ces coûts peuvent également affecter légèrement la performance de l'ETF par rapport à celle de l'indice.

Composition de l'indice : L'indice sous-jacent peut avoir une composition qui est difficile à reproduire exactement en raison de certaines contraintes, telles que les limitations de capacité, la liquidité des actifs ou les restrictions réglementaires. En conséquence, l'ETF peut détenir un échantillon représentatif des actifs de l'indice plutôt que de les détenir tous. Cela peut entraîner des différences de performance entre l'ETF et l'indice.

Ajustements périodiques : Certains indices sous-jacents peuvent subir des ajustements périodiques, tels que des rééquilibrages ou des changements de composition. L'ETF doit suivre ces ajustements pour maintenir sa corrélation avec l'indice. Cependant, les ajustements peuvent entraîner des coûts de transaction supplémentaires et une légère divergence de performance par rapport à l'indice.

Il est important de noter que malgré ces écarts potentiels, les ETF restent généralement de bons instruments d'investissement pour obtenir une exposition diversifiée à un indice ou à un marché spécifique. La plupart des ETF cherchent à minimiser le suivi imparfait de l'indice en utilisant des techniques de gestion et de réplication efficaces.

Avant d'investir dans un ETF, il est conseillé de consulter la documentation fournie par l'émetteur de l'ETF, telle que le prospectus, qui explique en détail les stratégies de réplication et les facteurs pouvant influencer la performance de l'ETF par rapport à l'indice. Il est également recommandé de comparer les performances passées de l'ETF par rapport à celles de l'indice pour évaluer son suivi.

En comprenant la possibilité de suivi imparfait de l'indice, les investisseurs peuvent prendre des décisions éclairées et ajuster leurs attentes en termes de performance des ETF.

Section 8.2 : La volatilité des prix des ETF

Lorsqu'il s'agit d'investir dans des ETF, il est important de prendre en compte la volatilité des prix, qui est une mesure de la variabilité des prix d'un actif financier. Les ETF ne font pas exception, et leur prix peut également être soumis à des fluctuations.

La volatilité des prix des ETF peut être influencée par plusieurs facteurs, notamment :

Volatilité sous-jacente de l'indice : L'ETF cherche à répliquer la performance d'un indice sous-jacent, et si cet indice est lui-même volatile, cela se reflétera dans la volatilité des prix de l'ETF. Les indices boursiers, par exemple, peuvent être sujets à des mouvements rapides et importants, ce qui se traduira par une volatilité plus élevée des ETF correspondants.

Volatilité du marché : Les marchés financiers sont naturellement sujets à la volatilité en raison de divers facteurs, tels que les conditions économiques, les événements géopolitiques, les annonces des entreprises, etc. Les fluctuations générales du marché peuvent se répercuter sur les prix des ETF et entraîner une volatilité accrue.

Liquidité du marché : La liquidité d'un ETF, c'est-à-dire la facilité avec laquelle il peut être acheté ou vendu sur le marché, peut également influencer sa volatilité. Les ETF ayant une liquidité plus faible peuvent connaître des écarts de prix plus importants entre l'offre et la demande, ce qui peut entraîner une volatilité accrue.

Flux de capitaux : Les flux d'entrée et de sortie de capitaux dans un ETF peuvent également affecter sa volatilité. Lorsque de nombreux investisseurs achètent ou vendent des parts de l'ETF en même temps, cela peut créer des mouvements de prix plus importants et une volatilité accrue.

Il est important de noter que la volatilité des prix n'est pas nécessairement un aspect négatif des ETF. Pour certains investisseurs, la volatilité peut offrir des opportunités de trading et de profit. Cependant, pour d'autres investisseurs à la recherche de stabilité et de prévisibilité, une volatilité plus faible peut être préférable.

Avant d'investir dans un ETF, il est important de comprendre les niveaux de volatilité auxquels vous pouvez vous attendre et d'évaluer votre tolérance au risque. Cela peut vous aider à choisir les ETF qui correspondent le mieux à vos objectifs d'investissement et à votre profil de risque.

Il est également recommandé de consulter les informations fournies par l'émetteur de l'ETF, telles que le prospectus, qui peuvent fournir des détails sur la volatilité historique de l'ETF et d'autres mesures de risque. Enfin, diversifier votre portefeuille d'investissement en incluant différents types d'actifs peut également contribuer à atténuer les effets de la volatilité des prix des ETF.

Section 8.3 : La sensibilité aux

mouvements du marché

Lorsque vous investissez dans des ETF, il est important de comprendre leur sensibilité aux mouvements du marché. Les ETF peuvent être influencés par les tendances et les fluctuations générales du marché financier, ce qui peut avoir un impact sur leurs performances.

La sensibilité aux mouvements du marché dépend principalement de deux facteurs :

Composition de l'indice sous-jacent : Les ETF sont conçus pour répliquer la performance d'un indice sous-jacent spécifique. Si cet indice est fortement corrélé avec le marché dans son ensemble, l'ETF aura tendance à suivre les mouvements du marché. Par exemple, un ETF basé sur un indice boursier majeur comme le S&P 500 sera généralement sensible aux fluctuations de cet indice.

Structure de l'ETF : La structure de l'ETF peut également influencer sa sensibilité aux mouvements du marché. Les ETF physiques qui détiennent réellement les actifs de l'indice sous-jacent auront une sensibilité plus directe aux mouvements de ces actifs. En revanche, les ETF synthétiques qui utilisent des instruments dérivés peuvent avoir une sensibilité légèrement différente, car ils cherchent à reproduire la performance de l'indice par le biais de contrats à terme ou d'autres instruments financiers.

Il est important de noter que la sensibilité aux mouvements du marché peut avoir des implications sur la performance de l'ETF. En période de marché haussier, un ETF ayant une forte corrélation positive avec le marché aura tendance à enregistrer des performances positives. De même, en période de marché baissier, cet ETF aura tendance à subir des pertes.

Cependant, il est également possible de trouver des ETF qui sont conçus pour être moins sensibles aux mouvements du marché. Par exemple, certains ETF peuvent être conçus pour avoir une faible corrélation avec les indices boursiers traditionnels, ce qui peut offrir une certaine protection contre les mouvements du marché.

Avant d'investir dans des ETF, il est important d'évaluer votre tolérance au risque et de comprendre comment ces produits peuvent se comporter dans différents environnements de marché. Si vous recherchez une certaine stabilité et une protection contre les fluctuations du marché, vous pourriez envisager des ETF qui ont une faible corrélation avec les indices traditionnels ou qui utilisent des stratégies d'investissement spécifiques pour atténuer les risques liés aux mouvements du marché.

En résumé, la sensibilité aux mouvements du marché est un aspect à prendre en compte lors de l'investissement dans des ETF. Comprenez les facteurs qui influencent la sensibilité de l'ETF, examinez la composition de l'indice sous-jacent et évaluez comment cela peut affecter la performance de l'ETF dans différents environnements de marché.

Section 8.4 : Les frais liés aux transactions fréquentes

Lorsqu'il s'agit d'investir dans des ETF, il est important de prendre en compte les frais liés aux transactions fréquentes. Ces frais peuvent avoir un impact significatif sur votre rendement global, en particulier si vous effectuez des opérations d'achat et de vente d'ETF régulièrement.

Les frais liés aux transactions fréquentes peuvent se composer de plusieurs éléments :

Frais de courtage : Lorsque vous achetez ou vendez des ETF, vous devez passer par un courtier en ligne ou une plateforme de trading. Ces courtiers facturent généralement des frais de courtage pour chaque transaction. Les frais de courtage peuvent varier d'un courtier à l'autre, il est donc important de les prendre en compte dans vos calculs pour évaluer l'impact sur votre investissement.

Frais de spread : Le spread est la différence entre le prix d'achat et le prix de vente d'un ETF. Lorsque vous effectuez des transactions fréquentes, il est possible que vous subissiez des écarts de prix importants, ce qui peut entraîner des frais supplémentaires. Les frais de spread peuvent être plus élevés pour les ETF moins liquides ou dans des conditions de marché volatiles.

Impact sur les performances : Outre les frais de transaction directs, les transactions fréquentes peuvent également avoir un impact sur les performances de votre portefeuille. Les mouvements de marché à court terme et les frais de transaction peuvent entraîner des coûts de transaction supplémentaires et réduire le rendement global de votre investissement.

Il est important de prendre en compte ces frais et leur impact potentiel sur vos investissements. Avant d'effectuer des transactions fréquentes, évaluez si les avantages potentiels de ces opérations justifient les frais associés. Pour certains investisseurs à court terme, les transactions fréquentes peuvent être nécessaires pour saisir des opportunités de marché. Cependant, pour les investisseurs à long terme, les frais liés aux transactions fréquentes peuvent souvent être évités en adoptant une approche de gestion de portefeuille plus passive.

Une alternative aux transactions fréquentes est d'adopter une stratégie d'investissement à long terme en utilisant la gestion passive des ETF. Dans cette approche, vous construisez un portefeuille diversifié d'ETF correspondant à votre profil de risque et à vos objectifs d'investissement, puis vous le maintenez dans le temps avec des ajustements périodiques, par exemple une fois par an. Cela réduit les frais de transaction et permet de bénéficier de la croissance à long terme des marchés financiers.

En résumé, les frais liés aux transactions fréquentes peuvent avoir un impact significatif sur votre rendement d'investissement. Évaluez soigneusement les frais de courtage, les frais de spread et l'impact potentiel sur les performances avant d'effectuer des transactions fréquentes. Considérez également des stratégies d'investissement à long terme qui minimisent les frais de transaction et maximisent le potentiel de croissance à long terme de votre portefeuille d'ETF.

Section 8.5 : Les risques liés à la réplication synthétique

Dans le monde des ETF, il existe deux méthodes principales de réplication : la réplication physique et la réplication synthétique. La réplication synthétique est une méthode moins courante, mais elle présente des risques particuliers qu'il est important de comprendre.

La réplication synthétique est une technique utilisée par certains ETF pour reproduire la performance d'un indice sous-jacent sans acheter physiquement les actifs de l'indice. À la place, ces ETF utilisent des dérivés financiers, tels que des contrats à terme ou des swaps, pour obtenir l'exposition à l'indice.

Il y a plusieurs risques associés à la réplication synthétique :

Risque de contrepartie : Lorsque vous investissez dans un ETF synthétique, vous êtes exposé au risque de contrepartie de la contrepartie avec laquelle l'ETF a conclu des accords de swap. Si la contrepartie fait défaut ou ne peut pas remplir ses obligations, cela peut entraîner des pertes pour l'investisseur.

Risque de liquidité : Les ETF synthétiques peuvent être moins liquides que les ETF physiques, car les dérivés utilisés dans la réplication synthétique peuvent avoir une liquidité limitée. Cela peut rendre plus difficile l'achat ou la vente d'actions d'ETF au prix souhaité.

Risque de tracking error : La réplication synthétique peut entraîner un écart de suivi (tracking error) entre la performance de l'ETF et celle de l'indice sous-jacent. Cet écart peut être dû aux frais de gestion, aux coûts de transaction ou à d'autres facteurs. Les investisseurs doivent être conscients de ce risque et surveiller régulièrement la performance de l'ETF par rapport à l'indice.

Risque de complexité : Les ETF synthétiques peuvent être plus complexes à comprendre que les ETF physiques, en raison de l'utilisation de dérivés financiers. Les investisseurs doivent être prêts à faire des recherches supplémentaires et à comprendre les mécanismes sous-jacents avant d'investir dans ces produits.

Il est important de noter que la réplication synthétique n'est pas utilisée par tous les ETF, et de nombreux ETF optent pour la réplication physique, où les actifs de l'indice sont réellement achetés et détenus par l'ETF. La réplication physique offre une transparence plus grande et réduit certains des risques associés à la réplication synthétique.

Avant d'investir dans un ETF synthétique, il est crucial de comprendre les risques spécifiques liés à la réplication synthétique et d'évaluer si ces risques sont en ligne avec votre tolérance au risque. Pour les investisseurs qui préfèrent éviter les risques liés à la réplication synthétique, il est recommandé de se tourner vers des ETF physiques, qui offrent une exposition directe aux actifs de l'indice.

En conclusion, la réplication synthétique présente certains risques spécifiques, tels que le risque de contrepartie, le risque de liquidité, le risque de tracking error et le risque de complexité. Les investisseurs doivent comprendre ces risques et évaluer leur adéquation avec leur profil d'investissement avant de choisir d'investir dans des ETF synthétiques. Il est également important de noter que la majorité des ETF disponibles sur le marché utilisent la réplication physique, offrant une alternative plus transparente et moins complexe pour les investisseurs.

CHAPITRE 9 : STRATÉGIES AVANCÉES AVEC LES ETF

Section 9.1 : L'utilisation des ETF pour la gestion passive

L'une des principales utilisations des ETF est dans la gestion passive de portefeuille. La gestion passive est une approche d'investissement qui vise à reproduire la performance d'un indice ou d'un segment de marché spécifique, plutôt que de tenter de battre le marché par des choix de titres individuels.

Les ETF sont des outils particulièrement adaptés à la gestion passive en raison de leur structure et de leurs caractéristiques. Voici quelques points clés sur l'utilisation des ETF dans une stratégie de gestion passive :

Réplication d'indice : Les ETF sont conçus pour répliquer la performance d'un indice sous-jacent. Ils détiennent généralement un panier diversifié de titres qui reproduit la composition de l'indice. Cela permet aux investisseurs de bénéficier de la performance globale du marché sans avoir à sélectionner et à acheter individuellement chaque titre constituant.

Large diversification : Les ETF offrent une exposition diversifiée à un large éventail de titres. Par exemple, un ETF qui suit un indice boursier peut détenir des centaines, voire des milliers d'actions de différentes sociétés. Cette diversification réduit le risque spécifique lié à la performance d'une seule entreprise et permet aux investisseurs de répartir leur risque sur l'ensemble du marché.

Faibles coûts : Les ETF sont généralement connus pour leurs frais de gestion relativement bas par rapport à d'autres produits d'investissement. Cela est dû à leur nature passive et à leur réplication d'indice. Les faibles coûts des ETF contribuent à améliorer les rendements nets pour les investisseurs à long terme.

Transparence : Les ETF offrent une transparence élevée en ce qui concerne leur composition et leur performance. Les investisseurs peuvent facilement accéder aux informations sur les actifs sous-jacents de l'ETF, tels que les titres détenus, les pondérations et les performances historiques. Cette transparence permet aux investisseurs de suivre et de comprendre facilement la performance de leur investissement.

Facilité de négociation : Les ETF se négocient sur les marchés boursiers, ce qui signifie qu'ils peuvent être achetés et vendus tout au long de la journée, à des prix qui reflètent l'offre et la demande du marché. Cela offre aux investisseurs une flexibilité et une liquidité élevées pour ajuster leur exposition aux marchés.

L'utilisation des ETF dans une stratégie de gestion passive présente plusieurs avantages. Elle permet aux investisseurs de bénéficier d'une exposition diversifiée aux marchés, de réduire les coûts liés à la gestion active de portefeuille et de suivre une approche disciplinée basée sur la performance d'un indice.

Cependant, il est important de noter que la gestion passive ne convient pas à tous les investisseurs et à toutes les situations. Certains investisseurs préfèrent une approche plus active, où ils sélectionnent et gèrent activement les titres individuels dans leur portefeuille. Chaque investisseur doit évaluer sa propre tolérance au risque, ses objectifs financiers et sa préférence en matière de style de gestion avant de décider d'utiliser des ETF dans une stratégie de gestion passive.

En conclusion, l'utilisation des ETF dans une approche de gestion passive offre aux investisseurs une manière efficace et abordable d'obtenir une exposition diversifiée aux marchés. Elle permet de suivre la performance d'un indice ou d'un segment de marché spécifique et offre une liquidité élevée, une transparence et des coûts réduits. Cependant, chaque investisseur doit évaluer attentivement ses propres besoins et objectifs avant de décider d'adopter une stratégie de gestion passive avec des ETF.

Section 9.2 : L'utilisation des ETF
dans une stratégie de diversification

Les ETF sont des outils puissants pour mettre en œuvre une stratégie de diversification dans un portefeuille d'investissement. La diversification consiste à répartir les risques en investissant dans différents types d'actifs et de secteurs, ce qui permet de réduire l'exposition à des risques spécifiques et d'améliorer le potentiel de rendement ajusté au risque.

Voici quelques points clés sur l'utilisation des ETF dans une stratégie de diversification :

Exposition à différents marchés : Les ETF permettent aux investisseurs de s'exposer à une grande variété de marchés et de secteurs. Par exemple, il existe des ETF qui couvrent les marchés boursiers mondiaux, les secteurs spécifiques tels que la technologie, l'énergie, la santé, ainsi que les marchés obligataires et les matières premières. En investissant dans différents ETF, les investisseurs peuvent diversifier leur portefeuille en fonction de leurs objectifs et de leur appétit pour le risque.

Répartition des risques : En investissant dans plusieurs ETF couvrant différents marchés et secteurs, les investisseurs peuvent répartir leurs risques. Par exemple, si un secteur particulier connaît une baisse de performance, les investissements dans d'autres secteurs peuvent atténuer les pertes. Cette diversification réduit la volatilité globale du portefeuille et peut aider à préserver le capital sur le long terme.

Gestion simplifiée : Les ETF offrent une gestion simplifiée de la diversification. Plutôt que de sélectionner et d'acheter individuellement des actions ou des titres obligataires de différentes entreprises, les investisseurs peuvent simplement investir dans des ETF qui représentent déjà un panier diversifié de titres. Cela permet de gagner du temps et de simplifier le processus de gestion du portefeuille.

Liquidité et flexibilité : Les ETF se négocient sur les marchés boursiers, ce qui signifie qu'ils peuvent être achetés et vendus facilement à tout moment de la journée. Cette liquidité élevée offre aux investisseurs une flexibilité pour ajuster rapidement leur allocation d'actifs en fonction des conditions du marché ou de leurs objectifs de diversification.

Coûts réduits : Les ETF ont généralement des frais de gestion inférieurs à ceux des fonds communs de placement traditionnels. Cela est dû à leur nature passive et à leur réplication d'indice. Les frais réduits des ETF permettent aux investisseurs de maximiser leur rendement net ajusté au risque sur le long terme.

Il est important de souligner que la diversification ne garantit pas des gains ou une protection totale contre les pertes. Les investisseurs doivent toujours évaluer leur tolérance au risque, leurs objectifs financiers et leur horizon d'investissement avant de mettre en œuvre une stratégie de diversification avec des ETF.

En conclusion, les ETF offrent une solution pratique et efficace pour diversifier un portefeuille d'investissement. En utilisant des ETF couvrant différents marchés et secteurs, les investisseurs peuvent réduire les risques spécifiques, améliorer le potentiel de rendement ajusté au risque et simplifier la gestion de leur portefeuille. Cependant, il est essentiel de faire preuve de diligence raisonnable dans la sélection des ETF et de consulter un conseiller financier avant de prendre des décisions d'investissement.

Section 9.3 : Le trading actif avec les ETF

Les ETF offrent également aux investisseurs la possibilité de mettre en œuvre des stratégies de trading actif. Alors que les ETF sont souvent considérés comme des outils de gestion passive, leur structure et leur liquidité les rendent attrayants pour les traders qui cherchent à profiter des fluctuations du marché à court terme. Voici quelques éléments clés concernant le trading actif avec les ETF :

Flexibilité de trading : Les ETF sont cotés en continu sur les marchés boursiers, ce qui signifie que les investisseurs peuvent les acheter et les vendre tout au long de la journée de trading. Cette flexibilité permet aux traders actifs d'entrer et de sortir rapidement de positions, en profitant des opportunités de marché à court terme.

Arbitrage : L'arbitrage est une stratégie couramment utilisée par les traders actifs avec les ETF. Étant donné que les prix des ETF sont généralement alignés sur la valeur nette de leurs actifs sous-jacents, les traders peuvent rechercher les écarts de prix entre l'ETF et ses actifs sous-jacents, puis effectuer des transactions pour profiter de ces écarts. Cela contribue à maintenir les prix des ETF en ligne avec leur valeur intrinsèque.

Utilisation de produits dérivés : Certains ETF offrent également des options et des contrats à terme sur leurs actions. Cela permet aux traders actifs d'utiliser des stratégies plus complexes, telles que la vente à découvert, la protection contre les baisses de marché et le levier financier. Ces produits dérivés peuvent accroître le potentiel de rendement, mais ils comportent également un niveau de risque plus élevé.

Analyse technique : Les traders actifs utilisent souvent l'analyse technique pour prendre des décisions de trading avec les ETF. Ils étudient les tendances des prix, les modèles graphiques, les indicateurs techniques et les volumes de négociation pour identifier les opportunités de trading et les points d'entrée et de sortie potentiels. L'analyse technique peut aider les traders à prendre des décisions éclairées sur la direction future des prix des ETF.

Gestion du risque : Comme pour toute stratégie de trading, il est essentiel de gérer le risque de manière appropriée. Les traders actifs doivent définir des objectifs de profit et de perte clairs, utiliser des ordres stop-loss pour limiter les pertes et diversifier leurs positions pour réduire le risque de concentration.

Il est important de noter que le trading actif avec les ETF comporte des risques. Les fluctuations rapides des prix, les coûts de transaction et les erreurs de timing peuvent entraîner des pertes significatives. De plus, le trading actif nécessite une expertise en matière de marchés financiers, une surveillance constante et une gestion rigoureuse du risque.

En conclusion, les ETF offrent aux traders actifs une flexibilité et une liquidité leur permettant de mettre en œuvre des stratégies de trading à court terme. Cependant, il est essentiel d'avoir une bonne connaissance des marchés financiers, une compréhension approfondie des ETF et une discipline de gestion du risque pour réussir dans le trading actif avec les ETF. Les investisseurs intéressés par cette approche doivent se former, développer des stratégies solides et être prêts à consacrer du temps et des efforts à leur activité de trading.

Section 9.4 : Les ETF dans une approche d'allocation d'actifs

Les ETF jouent un rôle essentiel dans les stratégies d'allocation d'actifs, qui consistent à répartir judicieusement les investissements entre différentes catégories d'actifs afin de diversifier les risques et de maximiser les rendements à long terme. Voici quelques points importants à considérer dans l'utilisation des ETF dans une approche d'allocation d'actifs :

Diversification : Les ETF offrent une diversification instantanée en permettant aux investisseurs d'accéder à un large éventail de titres dans un seul fonds. Les ETF peuvent représenter différents marchés, secteurs, régions géographiques ou classes d'actifs, ce qui permet de répartir le risque et de limiter l'exposition à un seul titre ou à une seule classe d'actifs.

Exposition ciblée : Les ETF offrent la possibilité de cibler des segments spécifiques du marché ou des stratégies d'investissement. Par exemple, il existe des ETF sectoriels qui se concentrent sur des secteurs d'activité spécifiques tels que la technologie, la santé ou l'énergie. Cette approche permet aux investisseurs de mettre l'accent sur les domaines qu'ils estiment être les plus prometteurs ou d'adopter des stratégies d'investissement thématiques.

Gestion passive : Les ETF sont souvent utilisés dans des approches de gestion passive, où l'objectif est de suivre un indice de référence spécifique plutôt que de chercher à surperformer le marché. Cette approche est basée sur l'idée que les marchés sont généralement efficaces et qu'il est difficile de battre de manière constante le rendement global du marché. Les ETF offrent une solution simple et abordable pour obtenir une exposition diversifiée aux marchés et suivre passivement les performances d'un indice.

Rééquilibrage : Les ETF peuvent faciliter le rééquilibrage régulier d'un portefeuille d'investissement. En fonction de l'allocation d'actifs souhaitée, les investisseurs peuvent ajuster la répartition de leurs investissements entre différents ETF pour maintenir un équilibre conforme à leur stratégie d'allocation d'actifs. Le rééquilibrage périodique permet de prendre des bénéfices sur les positions qui ont bien performé et d'investir dans celles qui ont du potentiel de croissance.

Frais réduits : Les ETF ont généralement des frais de gestion plus bas que les fonds communs de placement traditionnels. Cela signifie que les investisseurs peuvent maximiser leurs rendements nets en évitant les charges élevées qui peuvent grignoter les gains. Les frais réduits des ETF en font une option attrayante pour les investisseurs qui accordent une importance particulière à la maîtrise des coûts.

Il est important de noter que l'allocation d'actifs avec des ETF nécessite une compréhension approfondie de l'objectif d'investissement, des horizons de temps et des tolérances au risque de chaque investisseur. Une bonne planification, une évaluation régulière et une diversification adéquate sont des éléments clés pour une approche d'allocation d'actifs réussie avec les ETF.

En conclusion, les ETF offrent une flexibilité et une diversification accrues aux investisseurs dans le cadre d'une stratégie d'allocation d'actifs. Qu'il s'agisse de la diversification, de l'exposition ciblée, de la gestion passive, du rééquilibrage ou des frais réduits, les ETF peuvent jouer un rôle important dans la construction d'un portefeuille équilibré et performant. Cependant, il est essentiel que chaque investisseur comprenne les caractéristiques des ETF et adapte leur utilisation en fonction de leurs objectifs d'investissement et de leur profil de risque.

CONCLUSION : LE RÔLE DES ETF DANS VOTRE PORTEFEUILLE D'INVESTISSEMENT

Les ETF ont révolutionné le monde de l'investissement en offrant aux investisseurs un outil puissant et polyvalent pour accéder à une large gamme de classes d'actifs, de secteurs, de pays et de stratégies d'investissement. Dans ce livre, nous avons exploré en détail le fonctionnement des ETF, les différents types d'indices sous-jacents, les avantages, les inconvénients et les bonnes pratiques à prendre en compte lors de l'investissement dans des ETF.

L'un des principaux avantages des ETF est leur liquidité, leur facilité de négociation et leurs frais réduits par rapport aux fonds traditionnels. Ils offrent également une diversification instantanée et une transparence des actifs sous-jacents, ce qui permet aux investisseurs de bénéficier d'une exposition équilibrée et de mieux comprendre les risques auxquels ils sont exposés.

Les ETF peuvent être utilisés de différentes manières dans un portefeuille d'investissement. Ils peuvent servir de base solide pour une approche de gestion passive, offrant une exposition large et diversifiée aux marchés financiers. Ils peuvent également être utilisés dans une stratégie de diversification, permettant aux investisseurs de se positionner sur des secteurs spécifiques ou des thématiques d'investissement en complément de leur portefeuille principal.

De plus, les ETF offrent une flexibilité remarquable, tant en termes de négociabilité en temps réel que de combinaison avec d'autres instruments financiers. Les investisseurs ont la possibilité d'ajuster rapidement leurs positions en fonction des évolutions du marché et de mettre en œuvre des stratégies plus sophistiquées pour atteindre leurs objectifs d'investissement.

Cependant, il est important de noter que les ETF ne conviennent pas à tous les investisseurs et à toutes les situations. Ils comportent également leurs propres risques, notamment la volatilité des prix, la sensibilité aux mouvements du marché et les risques liés à la réplication synthétique dans certains cas.

Il est donc essentiel de faire preuve de diligence raisonnable lors de la sélection des ETF, en tenant compte de vos objectifs d'investissement, de votre horizon temporel, de votre tolérance au risque et des caractéristiques spécifiques de chaque ETF.

En conclusion, les ETF ont ouvert de nouvelles perspectives d'investissement accessibles à tous les types d'investisseurs. Leur structure transparente, leur liquidité et leur flexibilité en font un outil précieux pour construire un portefeuille diversifié et adapté à vos besoins. Cependant, il est important de toujours faire ses propres recherches, de consulter des conseillers financiers compétents et de comprendre les risques associés avant de prendre des décisions d'investissement.

Nous espérons que ce livre vous a fourni une compréhension approfondie des ETF et de leur rôle dans votre portefeuille d'investissement. Nous vous encourageons à continuer à vous informer, à rester à jour sur les développements du marché et à prendre des décisions d'investissement éclairées pour atteindre vos objectifs financiers à long terme. Bonne chance dans votre parcours d'investissement !

ANNEXES

Glossaire Des Termes Couramment Utilisés Dans Les Etf

Actif sous-jacent : Il s'agit de l'indice, du panier de titres ou de l'instrument financier sur lequel est basé un ETF. L'actif sous-jacent détermine la performance et les caractéristiques de l'ETF.

Réplication physique : Une méthode de réplication d'un indice où l'ETF détient réellement les titres constituant l'indice. Les ETF à réplication physique achètent et détiennent les actions ou autres actifs de l'indice pour reproduire leur performance.

Réplication synthétique : Une méthode de réplication d'un indice où l'ETF utilise des instruments dérivés, tels que des swaps, pour reproduire la performance de l'indice. Les ETF synthétiques n'achètent pas directement les titres de l'indice, mais s'engagent dans des contrats avec des contreparties qui promettent de payer la performance de l'indice.

Teneur de marché : Une institution financière qui fournit des liquidités en achetant et en vendant des ETF sur les marchés. Les teneurs de marché jouent un rôle important en maintenant la liquidité des ETF en proposant des prix d'achat et de vente.

Spread : La différence entre le prix d'achat (offre) et le prix de vente (demande) d'un ETF. Le spread reflète le coût de transaction et la liquidité de l'ETF. Un spread étroit indique une liquidité élevée, tandis qu'un spread large indique une liquidité plus faible.

Tracking Error : Une mesure de l'écart de performance entre un ETF et son indice de référence. Le tracking error peut être causé par des frais, des ajustements de l'indice, des variations de dividendes ou d'autres facteurs. Un tracking error faible indique que l'ETF suit de près son indice.

UCITS : L'acronyme de "Undertakings for the Collective Investment of Transferable Securities". Il s'agit d'une directive réglementaire européenne qui établit des normes pour les fonds d'investissement, y compris les ETF, afin de garantir la protection des investisseurs et la transparence des opérations.

Dividendes : Les paiements périodiques effectués par les sociétés aux actionnaires. Les ETF peuvent distribuer les dividendes perçus des actions détenues dans leur portefeuille aux investisseurs ou les réinvestir pour accroître la valeur de l'ETF.

NAV : L'acronyme de "Net Asset Value" ou valeur liquidative en français. Il représente la valeur totale des actifs détenus par un ETF, moins ses passifs, divisée par le nombre d'actions en circulation. La NAV est calculée quotidiennement et indique la valeur intrinsèque de l'ETF.

Diversification : Une stratégie d'investissement visant à répartir les risques en investissant dans différents actifs, secteurs ou régions géographiques. Les ETF offrent une diversification instantanée en permettant aux investisseurs d'acheter un panier d'actions représentatif d'un indice ou d'un thème spécifique.

Gestion passive : Une approche d'investissement qui consiste à reproduire la performance d'un indice de référence plutôt qu'à essayer de le surpasser. Les ETF sont souvent associés à la gestion passive car ils visent à suivre fidèlement l'indice sous-jacent.

Allocation d'actifs : La répartition des investissements entre différentes classes d'actifs, telles que les actions, les obligations, les matières premières, etc. Les ETF offrent aux investisseurs des possibilités d'allocation d'actifs efficaces en leur permettant d'accéder facilement à différents marchés et secteurs.

Gestionnaire d'actifs : Une société ou une institution qui gère un portefeuille d'actifs financiers tels que des actions, des obligations, des matières premières, etc. Les gestionnaires d'actifs créent et gèrent souvent des ETF en fonction de stratégies d'investissement spécifiques.

Stratégie thématique : Une approche d'investissement axée sur des tendances économiques, sociales ou technologiques spécifiques. Les ETF thématiques permettent aux investisseurs de se positionner sur des domaines tels que les énergies renouvelables, la technologie de l'information, la santé, etc.

Ce glossaire fournit une définition des termes couramment utilisés dans le contexte des ETF. Il peut être utilisé comme référence pour mieux comprendre le langage et les concepts associés à ces instruments d'investissement.

Ressources Supplémentaires Pour Approfondir Vos Connaissances Sur Les Etf

Lorsque vous souhaitez approfondir vos connaissances sur les ETF, il existe plusieurs ressources disponibles qui vous fourniront des informations détaillées et à jour. Voici quelques-unes des ressources les plus couramment utilisées pour vous aider dans votre recherche :

Sites Web spécialisés : De nombreux sites Web se consacrent spécifiquement aux ETF et offrent une mine d'informations sur différents aspects de ces produits. Parmi les sites les plus réputés figurent :

Bloomberg ETF Center : Un centre dédié aux ETF sur Bloomberg qui propose des actualités, des analyses, des données et des outils pour les investisseurs intéressés par les ETF.

ETF.com : Un site Web axé sur les ETF offrant des informations complètes sur les différentes classes d'actifs, les stratégies, les performances et les actualités liées aux ETF.

Morningstar : Une plateforme d'investissement bien connue qui fournit des recherches approfondies sur les ETF, des évaluations, des données de performance et des outils d'analyse.

Livres spécialisés : Il existe de nombreux livres qui traitent spécifiquement des ETF et qui fournissent une analyse approfondie de leur fonctionnement, de leur construction de portefeuille et de leurs avantages. Certains titres populaires incluent :

"The ETF Book" de Richard A. Ferri : Un guide complet sur les ETF, couvrant tout, des bases aux stratégies avancées.

"A Comprehensive Guide to Exchange-Traded Funds (ETFs)" de Joanne M. Hill, David J. Abner et Thomas J. Hoebbel : Un livre qui explore les aspects techniques et pratiques des ETF, ainsi que leur utilisation dans la gestion de portefeuille.

"All About ETFs: The Easy Way to Get Started" de Richard A. Ferri : Un ouvrage qui présente les bases des ETF, y compris leur histoire, leurs avantages et leur utilisation dans différentes stratégies d'investissement.

Publications financières : Les publications spécialisées dans le domaine financier sont d'excellentes sources d'informations sur les ETF. Elles proposent souvent des articles, des analyses et des recherches approfondies. Quelques publications réputées dans le domaine des investissements comprennent :

Financial Times (FT)

The Wall Street Journal

Barron's

Forbes

Investopedia

Webinaires et conférences : Assistez à des webinaires et à des conférences sur les ETF organisés par des experts du domaine. Ces événements vous permettent de vous tenir au courant des dernières tendances, des stratégies d'investissement et des perspectives du marché.

Associations et groupes professionnels : Rejoignez des associations et des groupes professionnels axés sur les investissements et les marchés financiers. Ils offrent souvent des ressources, des publications et des événements éducatifs sur les ETF.

En utilisant ces ressources supplémentaires, vous pourrez approfondir vos connaissances sur les ETF, comprendre les stratégies d'investissement plus avancées et rester informé des dernières évolutions du marché. N'hésitez pas à explorer ces différentes sources pour enrichir votre compréhension des ETF et améliorer vos décisions d'investissement.

Printed in France by Amazon
Brétigny-sur-Orge, FR

13187748R00057